Anton Beyerle

Ueber die Todesstrafe

Vortrag im Königlich Württembergischen Justizministerium

Anton Beyerle

Ueber die Todesstrafe
Vortrag im Königlich Württembergischen Justizministerium

ISBN/EAN: 9783743396715

Hergestellt in Europa, USA, Kanada, Australien, Japan

Cover: Foto ©Suzi / pixelio.de

Manufactured and distributed by brebook publishing software (www.brebook.com)

Anton Beyerle

Ueber die Todesstrafe

Ueber die Todesstrafe.

Vortrag

im Königlich Württembergischen Justizministerium

erstattet

von dem

Obertribunalrath Anton Beyerle.

Stuttgart.
Verlag der J. B. Metzler'schen Buchhandlung.
1867.

Vorbemerkung.

Aus Anlaß der von der Abgeordnetenkammer im Jahr 1865 eingereichten Petition um Einbringung eines Gesetzesentwurfs zu Abschaffung der Todesstrafe wurde im Lauf des vorigen Jahrs der Verfasser, ein Mitglied des obersten Gerichts, mit Erstattung eines Gutachtens über den Gegenstand beauftragt.

Das Gutachten wird der Oeffentlichkeit übergeben mit Rücksicht darauf, daß das allgemeine Interesse dieser wichtigen Frage zugewendet ist.

Die Arbeit war schon in der Mitte des Monats November vorigen Jahrs vollendet. Einige Ergänzungen, zu welchen sich inzwischen die Veranlassung ergeben hat, sind in Anmerkungen beigefügt.

Stuttgart, den 28. Februar 1867.

K. Justizministerium:

Neurath.

Inhalts-Verzeichniß.

Vorbemerkungen . . . . Seite V

Abschnitt I.
Die Todesstrafe in den fremden Gesetzgebungen und Nachrichten über die Anwendung derselben in fremden Ländern.

§. 1. Nothwendigkeit der Inbetrachtziehung fremder Rechtszustände 1

Capitel I.
Deutschland und die österreichische Monarchie.

§. 2. Gebiete, in welchen die Todesstrafe gesetzlich gänzlich aufgehoben ist . . . 2
§. 3. Gesetzgebungen, in welchen die Todesstrafe anerkannt ist . . . . . . 3—6
§. 4. Die Verbrechen, auf welchen die Todesstrafe steht . . . . 6—13
§. 5. Nachweise über die Anwendung der Todesstrafe in Oesterreich und den größeren deutschen Staaten . . . . 13—16

Capitel II.
Außerdeutsche Länder.

§. 6. Schweiz 16
§. 7. Frankreich . . . . 16—20
§. 8. Belgien . . . . 20—22
§. 9. Niederlande . . . . 22—23
§. 10. Italien . . . . 23—24
§. 11. England . . . . 24—27
§. 12. Nordamerika 28
§. 13. Dänemark, Schweden, Norwegen 29
§. 14. Rußland . . . . 29—30
§. 15. Portugal, Rumänien, Neu-Granada 30

Abschnitt II.
Vergleichung der fremden Rechtszustände mit der württembergischen Gesetzgebung und Praxis in Betreff der Todesstrafe.

                        Seite

§§. 16—18 . . . . 31—36

Abschnitt III.
Zum Streit über die Rechtmäßigkeit und Nothwendigkeit der Todesstrafe.

§. 19. Gründe und Gegengründe. — Bei der Beurtheilung maßgebende Gesichtspunkte . . . . 37—40

1. Werth der Todesstrafe für die Sicherung der Rechtsordnung:

§. 20—22 . . . . 40—46

2. Gerechtigkeit der Todesstrafe:

§. 23 . . . . 46—50

§. 24. Entwicklung der Frage in Württemberg . . . . 50—52

§. 25. Das aus der Unwiderruflichkeit der Strafe gegen die Todesstrafe abgeleitete Bedenken . . . . 52—54

§. 26. Untheilbarkeit der Strafe . . . . 54—55

Abschnitt IV.
Modalitäten einer auf Beschränkung der Anwendung der Todesstrafe abzielenden Abänderung der bestehenden Gesetzgebung.

1. Das französisch-preußische System der mildernden Umstände:

§. 27—29 . . . . 56—61

2. Allgemeines Milderungsrecht der rechtsgelehrten Richter. — Ersetzung der absoluten Androhung durch alternative Androhung von Todes- und Freiheitsstrafe:

§. 30 . . . . 61—62

3. Aufstellungen von Abstufungen der Strafbarkeit innerhalb des Verbrechens des Mords:

§§. 31—38 . . . . 63—73

4. Combinirung des Systems qualificirter Unterarten des Mords mit dem System des richterlichen Milderungsrechts:

§. 39 . . . . 74—75

Resultate . . . . 75—76

Die Kammer der Abgeordneten hat in der Sitzung vom 14. Februar 1865 die Bitte um Einbringung eines Gesetzesentwurfs zu Abschaffung der Todesstrafe an die K. Staatsregierung zu richten beschlossen.

Abschnitt I.

Die Todesstrafe in den fremden Gesetzgebungen und Nachrichten über die Anwendung derselben in fremden Ländern.

§. 1.

Bei der Feststellung des Strafensystems muß der Gesetzgeber die Zustände, Sitten und Anschauungen des eigenen Volks zur Grundlage nehmen. Eine so unbestreitbare Wahrheit Dieß ist, so wenig unterliegt es doch einem Zweifel, daß dabei auch der Stand der fremden Gesetzgebungen in Berücksichtigung gezogen werden muß, und daß die Vergleichung der fremden, zumal der andern deutschen, aber auch der wichtigeren außerdeutschen, Gesetzgebungen vornehmlich dann vom größten Interesse ist, wenn die Entscheidung über Beibehaltung oder Abschaffung der Todesstrafe in Frage steht. Dieser Gegenstand hat ja eine Seite, die ihm unläugbar eine über die Grenzen des einzelnen Landes hinausreichende Bedeutung verleiht.

Dabei genügt es jedoch nicht, sich den Stand der gesetzlichen Vorschriften zu vergegenwärtigen; vielmehr muß, um ein vollständiges Bild der Rechtszustände zu haben, das Augenmerk auch auf den Stand der Praxis, insbesondere darauf gerichtet werden, wie sich zu der Gesammtzahl der in Gemäßheit der gesetzlichen Vorschriften ergehenden Todesurtheile die Zahl derer, welche wirklich vollstreckt werden, verhält.

Capitel 1.
Deutschland und die österreichische Monarchie.

§. 2.
Gebiete, in welchen die Todesstrafe gesetzlich gänzlich aufgehoben ist.

Werden in der Ueberschau, welche demgemäß zunächst zu geben ist, die Staaten, welche bisher in dem deutschen Bund vereinigt waren, vorangestellt, so sind vor Allem drei Gebiete, in welchen die Todesstrafe gesetzlich vollständig aufgehoben ist, namhaft zu machen.

In den „Grundrechten des deutschen Volks" (III. §. 9) ist bestimmt: „Die Todesstrafe, ausgenommen, wo das Kriegsrecht sie vorschreibt oder das Seerecht im Fall einer Meuterei sie zuläßt, sowie die Strafen des Prangers, der Brandmarkung und der körperlichen Züchtigung sind aufgehoben." Die Bestimmung der Grundrechte wurde in der größeren Zahl der deutschen Staaten durch die Landesgesetzgebung zum Vollzug gebracht, und nachdem Solches namentlich auch in den fraglichen drei Territorien, Nassau, Anhalt-Dessau und -Cöthen, Oldenburg, geschehen war, ist in diesen die Todesstrafe abgeschafft geblieben.

Es ist aber in Nassau die Aufhebung der Todesstrafe durch das Strafgesetzbuch vom 14. April 1849 erfolgt, dessen Erlassung in eine Zeit fällt, in welcher die verbindliche Kraft der Grundrechte in der Mehrzahl der deutschen Staaten anerkannt war.

In das sogenannte Thüringische Strafgesetzbuch, dessen Entwurf im Mai 1849 von den betreffenden Regierungen vereinbart worden ist, wurde eine mit der Vorschrift der Grundrechte übereinstimmende Bestimmung aufgenommen. In Anhalt-Dessau und -Cöthen, wo das Gesetzbuch am 24. Juli 1850 unverändert publicirt worden ist, blieb die Abschaffung der Todesstrafe bis heute aufrecht erhalten.

Auch in Oldenburg wurde die Todesstrafe im Jahr 1849 aufgehoben. Die Aufhebung wurde sodann nicht nur im Staatsgrundgesetz von 1852 bestätigt, sondern es ist bei derselben auch in dem Strafgesetzbuch vom 3. Juli 1858, obschon dasselbe dem preußischen Gesetzbuch von 1851 nachgebildet ist, belassen worden.

§. 3.
Gesetzgebungen, in welchen die Todesstrafe anerkannt ist.

In allen andern Staaten besteht die Todesstrafe gesetzlich, und zwar ist es in Oesterreich, Preußen, Bayern, Hannover, K. Sachsen, Kurhessen, Sachsen-Altenburg zu einer Aufhebung auch nicht einmal vorübergehend in Folge der Bestimmung der Grundrechte gekommen.

Ueber die einzelnen Staaten mag Folgendes erwähnt werden:

1. Oesterreich.

Unter Kaiser Joseph II. wurde, nachdem die Todesstrafe vorher längere Zeit hindurch faktisch — durch fortgesetzte Begnadigungen — außer Wirksamkeit gesetzt gewesen war, durch das Allgemeine Strafgesetz vom 13. Januar 1787 die Strafart gänzlich, übrigens nur für das ordentliche Verfahren (im Gegensatz zum standrechtlichen) aufgehoben. An die Stelle derselben wurde Schiffziehen mit Anschmiedung und öffentlicher Brandmarkung gesetzt. Aber 1795 wurde die Todesstrafe für das Verbrechen des Hochverraths und durch das Strafgesetzbuch vom 3. September 1803 für vier gemeine Verbrechen (Mord, räuberischen Todtschlag, gewisse Fälle der Creditpapierverfälschung und der Brandlegung) wieder eingeführt, und es ist dieselbe in dem jetzt gültigen Strafgesetzbuch vom 27. Mai 1852, das eine Umarbeitung des älteren Strafgesetzbuchs ist, übrigens unter Beschränkung der Fälle, für welche sie angedroht ist, beibehalten worden.

In dem Entwurf der Grundrechte des österreichischen Volks war die Abschaffung der Todesstrafe nur für politische Verbrechen vorgesehen gewesen.

2. Preußen.

Die zwei Gesetzbücher, welche bis zum 1. Juli 1851 in Geltung standen, nemlich das Criminalrecht des Allgemeinen Landrechts von 1794 und das in den Rheinprovinzen bis dahin in Wirksamkeit gebliebene Französische Gesetzbuch von 1810, waren nichts weniger als sparsam mit der Androhung der Todesstrafe.

Im Jahr 1848 wurde in der preußischen Nationalversammlung über die Abschaffung der Todesstrafe berathen und die Abschaffung mit großer Mehrheit beschlossen. Von der Regierung wurde sodann auch ein diesem Beschluß entsprechender Gesetzesentwurf eingebracht. Allein bevor die Sache weiter gediehen war, erfolgte die Auflösung der Nationalversammlung.

Das neue Strafgesetzbuch vom 14. April 1851 hat die Todesstrafe beibehalten. Mit derselben ist zugleich auf den Verlust der bürgerlichen Ehre zu erkennen: in den im Geſetz ausdrücklich beſtimmten einzelnen Fällen (gewiſſe Fälle des Hochverraths, Landesverraths, Mords), oder wenn feſtgeſtellt wird, daß das mit der Todesſtrafe bedrohte Verbrechen unter beſonders erſchwerenden Umſtänden begangen worden iſt.

3. Das preußiſche Geſetzbuch iſt unterm 22. Januar 1852 als Strafgeſetzbuch für das Herzogthum Anhalt-Bernburg verkündigt worden.

4. Das am 15. Mai 1855 für die Fürſtenthümer Waldeck und Pyrmont verkündigte Strafgeſetzbuch ſtimmt im Weſentlichen mit dem preußiſchen überein.

5. In Bayern trat am 1. Juli 1862 das neue Strafgeſetzbuch vom 10. November 1861 an die Stelle des Strafgeſetzbuchs für Bayern vom Jahr 1813 und in der Pfalz an die Stelle des code pénal. Die Todesſtrafe iſt beibehalten, übrigens gegenüber von der Freigebigkeit in der Androhung der Todesſtrafe, die ſich in jenen zwei Geſetzbüchern bemerkbar macht, eine erhebliche Beſchränkung eingetreten.

6. Das Criminalgeſetzbuch für das Königreich Sachſen vom 30. März 1838 hatte in zahlreichen Fällen die Todesſtrafe angedroht.

Nach Promulgirung der deutſchen Grundrechte war von der K. Sächſiſchen Regierung der Beſchluß, daß erkannte Todesſtrafen vorerſt nicht mehr vollzogen, ſondern im Weg der Gnade verwandelt werden ſollen, (am 3. Januar 1849) gefaßt und den Ständen bekannt gegeben worden. Derſelbe wurde jedoch ſchon im Juni 1850 zurückgenommen. Unterm 11. Auguſt 1855 wurde ein neues Strafgeſetzbuch publicirt. Die Fälle, für welche darin die Todesſtrafe verhängt iſt, ſind noch ziemlich zahlreich.

7. In Hannover iſt noch das Strafgeſetzbuch vom 8. Auguſt 1840 in Geltung. In dieſem Geſetzbuch iſt die Todesſtrafe häufig angedroht; und zwar kennt es neben der einfachen eine — durch Schleifung des Delinquenten zum Richtplatz — geſchärfte Todesſtrafe. Durch ein Geſetz vom 31. Dezember 1859 iſt die Schärfung der Todesſtrafe beseitigt worden.

8. Im Großherzogthum Baden iſt die Aufhebung der Todesſtrafe in Ausführung der Grundrechte durch Geſetz vom 16. Mai 1849 erfolgt. Letzteres Geſetz wurde jedoch durch das unterm 5. Februar 1851 erlaſſene Geſetz, durch welches das ſchon im Jahr 1845 mit den Ständen verabſchiedete Strafgeſetzbuch eingeführt worden iſt, wieder aufgehoben. In Folge davon trat das Strafgeſetzbuch mit ſeinen auf die Todesſtrafe bezüglichen Vorſchriften in Wirkſamkeit.

9. Auch im Großherzogthum Hessen war in Vollziehung der Grundrechte ein die Todesstrafe abschaffendes Gesetz am 11. April 1849 ergangen; dasselbe wurde jedoch durch ein Gesetz vom 26. April 1852 wieder aufgehoben, so daß jetzt wieder das Strafgesetzbuch vom Jahr 1841 auch in seinen die Todesstrafe betreffenden Bestimmungen in Geltung steht.

10. Das Großherzoglich Hessische Strafgesetzbuch ist in Frankfurt (seit 16. September 1856)* und in Hessen-Homburg recipirt.

11. Das Criminalgesetzbuch für das Herzogthum Braunschweig vom 10. Juli 1840 hat die Todesstrafe in seinem Strafensystem. In Folge der Bestimmung der Grundrechte war sie vorübergehend außer Wirksamkeit gesetzt.

12. Das Braunschweigische Gesetzbuch ist mit wenigen, hieher nicht Bezug habenden Abänderungen im Jahr 1843 als Gesetzbuch für Lippe-Detmold angenommen worden.

13. Für Sachsen-Altenburg wurde das Königl. Sächsische Criminalgesetzbuch von 1838 durch Patent vom 3. Mai 1841 (mit unwesentlichen Abänderungen) als Gesetzbuch publicirt. Dasselbe ist jetzt noch dort in Kraft. Zu einer Abschaffung der Todesstrafe kam es in Folge der Grundrechte nicht. (S. Wächter, K. Sächs. Strafrecht, S. 183.) Es steht also in Altenburg die Todesstrafe noch auf einer größeren Anzahl von Verbrechen.

14. Das thüringische Strafgesetzbuch wurde in zweien der betreffenden Staaten gleichbald mit der Modifikation, daß die Todesstrafe beibehalten wurde, publicirt, nemlich in Sachsen-Meiningen (20. Juni 1850) und Reuß, jüngere Linie (14. April 1852).

Die anderen der betheiligten Staaten, welche das Gesetzbuch überhaupt annahmen, publicirten es mit der der Vorschrift der Grundrechte nachgebildeten Bestimmung: Sachsen-Weimar am 20. April 1850, Schwarzburg-Rudolstadt am 26. April 1850, Schwarzburg-Sondershausen am 25. März 1850, Coburg-Gotha am $\frac{19.\ Nov.}{23.\ Dez.}$ 1850; Anhalt-Dessau und -Cöthen am 24. Juli 1850.

---

* Durch K. V.O. vom 12. Dezember 1866 sind im Gebiet der ehemaligen freien Stadt Frankfurt aus dem Strafgesetzbuch für die preußischen Staaten, Th. II. der Tit. I (Hochverrath und Landesverrath) und Tit. II. (Beleidigung der Majestät und der Mitglieder des königlichen Hauses) eingeführt worden.

Es kehrten jedoch später alle diese Staaten, mit Ausnahme des zuletzt genannten, zur Todesstrafe zurück, nemlich Sachsen-Weimar durch Gesetz vom 14. Juli 1856, Schwarzburg-Rudolstadt durch Gesetz vom 26. August 1856, Schwarzburg-Sondershausen durch Gesetz vom 19. Juli 1857, Coburg-Gotha durch Gesetz vom 4. November 1857.

15. In den bis jetzt nicht zur Sprache gekommenen Staaten gilt noch das gemeine Recht, und ebendamit die Todesstrafe.

16. Kundgebungen von Abgeordnetenkammern gegen die Todesstrafe sind außer in Württemberg erfolgt im

Großherzogthum Baden, wo sich die zweite Kammer am 29. Mai 1863 mit allen gegen drei Stimmen für die Abschaffung ausgesprochen hat, und

im Großherzogthum Weimar im Jahr 1862 und wiederholentlich am 18. Februar 1865. *

Mit Vorstehendem ist eine Uebersicht über diejenigen Gesetzgebungen gewonnen, in welchen die Todesstrafe unter den Strafarten vorkommt, und nunmehr auf die Verbrechen, für welche die Todesstrafe gedroht ist, näher einzugehen.

§. 4.
Die Verbrechen, auf welche Todesstrafe gesetzt ist.

1. In der Natur der Sache liegt es, daß überall, wo die Strafe des Todes nicht gänzlich abgeschafft ist, dieselbe auf dem Verbrechen des Mords steht.

Wenn sodann auch die Ausdrücke, mit welchen in den verschiedenen Gesetzbüchern die Bestimmung der Begriffe von Mord und Todtschlag gegeben ist, unter sich abweichen, so war doch bei dem bei weitem größeren Theil

---

* Dagegen ist es nicht als eine Kundgebung gegen die Todesstrafe aufzufassen, daß die Sächsische Abgeordnetenkammer am 15. Februar 1867 eine bei ihr von Rechtsanwälten eingereichte Petition auf Abschaffung der Todesstrafe an die Staatsregierung überwiesen hat. Denn die Petition wurde der Staatsregierung lediglich zur Erwägung überwiesen, und zwar durch einstimmigen Beschluß der Kammer und in Gemäßheit eines Antrags der betreffenden Deputation, den zu stellen, unter Zustimmung des Vertreters der Regierung und ohne daß auf den materiellen Inhalt der Petition eingegangen worden wäre, beschlossen worden war.

der Gesetzbücher mit der Wahl der Fassung nichts Anderes bezweckt, als einen genauen, jeden Zweifel ausschließenden Ausdruck für die **gemeinrechtlichen Begriffe**, die in der That in das Gesetzbuch aufgenommen werden wollten, zu gewinnen; wonach denn also unter dem Mord nach den fraglichen Gesetzbüchern die vorsätzliche Tödtung zu verstehen ist, welche mit Vorbedacht (Ueberlegung) oder in Folge eines vorbedachten (mit Ueberlegung vorher gefaßten) Entschlusses begangen worden ist. Unter diese Kategorie fallen, außer dem württembergischen Strafgesetzbuch (Art. 237), die Gesetzbücher von Hannover, §. 227; das Criminalgesetzbuch von Sachsen von 1838, §. 121, 123; Altenburg, §. 121; Großherz. Hessen, §. 252; Braunschweig, §. 145; Preußen, §. 175; Oldenburg, §. 158; Bayern, §. 228; und wohl auch noch Thüringen, §. 119.

Es sind nur wenige Gesetzbücher, in welchen durch eine eigenthümliche Definition des Mords der Kreis der verbrecherischen Handlungen, für welche Todesstrafe angedroht wird, weiter oder enger gezogen ist.

Zu diesen Ausnahmen gehört vor Allem das **österreichische** Strafgesetzbuch von 1852. Denn da nach demselben, §. 134, des Mords sich schuldig macht, „wer gegen einen Menschen in der Absicht, ihn zu tödten, auf eine solche Art handelt, daß daraus dessen oder eines andern Menschen Tod erfolgte," und da in §. 136 die Todesstrafe für vollbrachten Mord (sowohl dem unmittelbaren Mörder, als dem Besteller und den unmittelbar Mitwirkenden) angedroht ist, so wird jede dolose Tödtung, auch die im Affekt begangene, als „Mord" mit dem Tod bestraft.

Auf der entgegengesetzten Seite steht das K. Sächs. Gesetzbuch von 1855, sofern nach demselben das Verbrechen des Mords, welches mit dem Tod bestraft wird, nur dann vorliegt, wenn die vorsätzliche Tödtung mit Ueberlegung ausgeführt wird, also der Begriff des Mords und die Todesstrafe nicht Platz greift, wenn blos beim Beschluß der Tödtung Vorbedacht war.

Eine Sonderstellung anderer Art, nemlich nicht in Betreff der Begriffsbestimmung, sondern allein bezüglich der Strafdrohung, nehmen das Badische und Braunschweigische Gesetzbuch ein.

Nach dem ersteren (§. 205) wird der Mörder nur dann mit dem Tod bestraft, wenn ihm die Tödtung zum bestimmten Vorsatz zuzurechnen ist, wogegen, wenn sie ihm nur zum unbestimmten Vorsatz zuzurechnen ist, lebenslängliches oder zeitliches Zuchthaus (nicht unter 12 Jahren) eintritt.

Das Braunschweigische Gesetzbuch dagegen hat das Eigenthümliche, daß die Todesstrafe für den Mord nicht in allen Fällen unbedingt angedroht ist, sondern nur, wenn gewisse Erschwerungsgründe vorhanden sind. Es sind nemlich nach dem gedachten Gesetzbuch (§. 62) dann, „wenn so viele und so wichtige Strafherabsetzungs- oder, in dem §. 66 unter Nr. 1 bis 8 aufgeführte, Strafminderungsgründe, besonders solche, welche die Zurechnungsfähigkeit und die Bösartigkeit des Thäters vermindern, zusammentreffen, daß nach richterlichem Ermessen selbst die geringste der That angedrohte Strafe mit deren Strafbarkeit nicht im richtigen Verhältniß stände" — die Gerichte ermächtigt, von der ordentlichen Strafe abzugehen, namentlich auch statt der Todesstrafe auf lebenslängliche oder zeitliche Kettenstrafe zu erkennen. Nach §. 145 können aber die Gerichte von der ihnen durch den §. 62 ertheilten Ermächtigung dann beim Mord nicht Gebrauch machen, wenn der Mord verübt ist: um zu rauben, um Lohn, auf heimtückische Weise, durch Gift oder Brand, mit Peinigung des Entleibten, von mehreren vertragsmäßigen Theilnehmern, oder an Angehörigen des Thäters (worunter nach §. 73 zu verstehen sind: Blutsverwandte in auf- und absteigender Linie und in der Seitenlinie bis zum vierten Grad civilrechtlicher Berechnung einschließlich, Stief- und Schwieger-Aeltern und Kinder, Ehegatten, Schwäger, Verlobte, angenommene Aeltern und Kinder, Vormund und Mündel). Für den einfachen, d. h. durch keine der aufgeführten Qualifikationen erschwerten, Mord ist also die Androhung der Todesstrafe nur als eine Regel zu betrachten, von der, unter den Voraussetzungen des §. 62, von dem Gericht abgegangen werden kann.

Die Todesstrafe ist nach allen Gesetzbüchern eine einfache. Als Ausnahme kann es kaum gelten, daß nach dem preußischen Gesetzbuch (§. 175, Abs. 2), zugleich auf Verlust der bürgerlichen Ehre erkannt werden muß, wenn der Mord an einem leiblichen Verwandten der aufsteigenden Linie oder an dem Ehegatten begangen wird.

Im österreichischen Gesetzbuch sodann werden gewisse Arten von Mord, namentlich: Meuchelmord, Raubmord, der bestellte Mord, der Mord an Verwandten der aufsteigenden oder absteigenden Linie (vorbehältlich der Bestimmungen über Kindsmord) oder an Ehegatten als ausgezeichnete Arten des Mords hervorgehoben. Da aber auch das österreichische Gesetzbuch keine qualificirte Todesstrafe kennt, so äußern diese Qualifikationen blos bei der

Bestrafung der entfernten Mitschuldigen oder Theilnehmer sowie bei der Bestrafung des Mordversuchs Wirkung. (§§. 135, 137, 138).

Und was noch das hannöversche Gesetzbuch anbetrifft, nach welchem geschärfte Todesstrafe stattfinden sollte für den im Art. 229 unter Ziff. I—V näher bestimmten „ausgezeichneten" Mord, sowie für Raubmord, so ist an die früher erwähnte Thatsache zu erinnern, daß im Jahr 1859 in Hannover die geschärfte Todesstrafe abgeschafft worden ist.

2. **Hochverrätherischer Angriff.**

Nur in denjenigen Staaten des thüringischen Vereines, welche das thüringische Strafgesetzbuch sogleich mit der Abänderung, daß die Todesstrafe in das Strafensystem eingeschaltet wurde, eingeführt haben, findet, weil dort die Todesstrafe allein auf den Mord gesetzt wurde, wegen hochverrätherischen Angriffs die Todesstrafe niemals statt. In Sachsen-Weimar und den andern bei dem thüringischen Strafgesetzbuch betheiligten Staaten, in welchen die Todesstrafe erst 1856—57 wieder hergestellt wurde, ist sie dem Hochverräther angedroht, der sich gegen die Person des Staatsoberhaupts des Verbrechens des Mordes oder des Mordversuchs, des Todtschlags oder einer Körperverletzung schwererer Art schuldig macht, wer das Staatsoberhaupt gefangen hält oder in Feindes Gewalt liefert. Das braunschweigische Gesetzbuch disponirt ähnlich wie beim Mord, indem es für den Hochverrath im Allgemeinen die Todesstrafe androht, aber nur, wenn gewisse qualificirende Umstände vorhanden sind, und zwar, wenn bei einem hochverrätherischen Angriff eine vorsätzliche Tödtung, ein Raub oder eine Brandstiftung verübt ist, dem Gericht das sonst den Gerichten zustehende Milderungsrecht entzieht (Art. 81). Das badische Gesetzbuch, §. 296, und das K. sächsische von 1855, Art. 124, lassen dann, aber auch nur dann, wenn der Hochverrath gegen auswärtige Regenten und Staaten gerichtet ist, eine mildere Bestrafung als mit dem Tod eintreten. In den andern deutschen Gesetzbüchern, z. B. Oesterreich §. 58, 59; Preußen, §. 61; Bayern, Art. 101; Hannover, Art. 119; Großherz. Hessen, Art 129; Altenburg, Art. 81, ist die Todesstrafe für den Hochverrath ohne Beschränkung und Unterscheidungen angedroht.

3. Für **thätliche Majestätsbeleidigung** ist in den Gesetzbüchern von Oesterreich (wo der Fall zum Hochverrath gehört); Hannover, Art. 139; Großherz. Hessen, Art. 157, die Todesstrafe absolut angedroht.

Das badische Strafgesetzbuch bedroht den Thäter nur in Fällen schwerer, mit Vorbedacht verursachter Verletzung mit dem Tod.

Das preußische Gesetzbuch, §. 74, bestimmt: wer sich einer Thätlichkeit gegen die Person des Königs schuldig macht, soll mit dem Tod bestraft werden. Aber nach dem Abs. 2 des Paragraphen ist „in minder schweren Fällen" anstatt der Todesstrafe auf Zuchthaus von 10 bis zu 20 Jahren zu erkennen, und nach dem später eingeschalteten Abs. 3 tritt, „wo festgestellt wird, daß mildernde Umstände vorhanden sind, Einschließung von 10 bis zu 20 Jahren" ein.

Nach Art. 121 des neuen bayrischen Gesetzbuches soll „wer außer dem Fall des Hochverraths den König thätlich mißhandelt oder an ihn beleidigend Hand anlegt, mit dem Tod oder in minder schweren Fällen mit Zuchthaus nicht unter 16 Jahren" bestraft werden.

Altenburg, Art. 97; Braunschweig, Art. 90; Thüringen, Art. 89; das neue K. sächsische Gesetzbuch, Art. 132, verhängen für Majestätsbeleidigung unter keinen Umständen die Todesstrafe.

4. Die Verbrechen des Landesverraths (Staatsverraths) und des Aufruhrs sind unter verschieden bestimmten Voraussetzungen, deren detaillirte Anführung hier nicht von Interesse wäre, mit der Todesstrafe bedroht: in Oesterreich, Preußen, Bayern, Hannover, Baden, Großherzogthum Hessen.

5. Todtschlag.

Daß das Verbrechen, welches im gemeinen deutschen Strafrecht und im württembergischen Gesetzbuch als Todtschlag bezeichnet wird, in Oesterreich mit der Todesstrafe bedroht ist, folgt daraus, daß dasselbe im österreichischen Gesetzbuch in dem mit der Todesstrafe bedrohten Verbrechen des Mords inbegriffen ist.

In Preußen ist der Todtschlag in zwei Fällen mit der Todesstrafe bedroht; nach §. 178 des Strafgesetzbuches wird nemlich jede vorsätzliche Tödtung, welche begangen wird bei Unternehmung eines Verbrechens oder Vergehens, um ein der Ausführung entgegenstehendes Hinderniß zu beseitigen oder sich der Ergreifung auf frischer That zu entziehen, mit dem Tod bestraft; desgleichen, nach §. 179, der Todtschlag an einem leiblichen Verwandten der aufsteigenden Linie.

Auch nach dem hannöverschen Gesetzbuche zieht der Todtschlag unter einer gewissen Voraussetzung, nemlich dann, wenn „der Vorsatz des Thäters bestimmt und geradezu auf Tödtung gerichtet" war, die Todesstrafe nach sich (Art. 231).

6. Nach dem hannöverschen Gesetzbuche ist sogar eine Kindsmörderin, wenn sie nach erlittener Strafe sich dieses Verbrechens von Neuem und zwar in Hinsicht eines lebensfähigen Kindes schuldig macht und nicht besonders mildernde Umstände vorhanden sind, mit dem Tod zu bestrafen, Art. 234.

7. Tödtung durch vorsätzlich beigebrachtes Gift wird nach dem badischen Gesetzbuch, §. 243, auch dann, wenn das Gift in der unbestimmten Absicht zu tödten oder zu beschädigen beigebracht worden ist, nach dem hannöverschen Art. 228 und dem Großh. Hess. Art. 276, wenn dieß auch nur in der Absicht, zu beschädigen, geschehen ist, mit dem Tod bestraft.

8. Gemeingefährliche Vergiftung von Brunnen oder zum öffentlichen Verkauf (oder Verbrauch) bestimmter Waaren oder der Verkauf solcher vergifteter Waaren wird mit dem Tod bedroht:

im hannöverschen Gesetzbuch Art. 190, ohne daß ein eingetretener Erfolg erfordert wäre;

im Großherz. hessischen, Art. 276, vorausgesetzt, daß der Tod eines Menschen oder auch nur bleibender Nachtheil an der Gesundheit bewirkt worden ist;

im preußischen Gesetzbuch, §. 304, und badischen Gesetzbuch, §. 246, 247, wofern in Folge der Handlung ein Mensch das Leben verloren hat.

9. Nothzucht.

Für den Fall, wo die Genothzüchtigte in Folge der Mißhandlung gestorben ist, wird die Todesstrafe angedroht:

im hannöverschen Art. 273 unter der Voraussetzung, daß die That sich als eine vorsätzliche Tödtung darstellt;

im badischen Gesetzbuch, §. 335, — daß der Erfolg des Todes dem Thäter zum bestimmten oder unbestimmten Vorsatz zuzurechnen ist.

10. Raub und räuberische Erpressung wird mit dem Tod bedroht:

im österreichischen Gesetzbuch, §. 141: wenn bei der Unternehmung eines Raubs ein Mensch auf so gewaltthätige Art behandelt worden, daß daraus dessen Tod erfolgt ist, wird dieser (räuberische) Todtschlag an allen Denjenigen, welche zur Tödtung mitgewirkt haben, mit dem Tod bestraft.

desgleichen in Hannover, Art. 328, 329, 335; Großherz. Hessen, Art. 345, 346; in dem neuen bayerischen Gesetzbuch, Art. 302, sobald eine Person in Folge der durch den Räuber vorsätzlich zugefügten Mißhandlung das Leben verloren hat; nach dem badischen Gesetzbuch, §. 412, 417 nur dann, wenn ihm dieser Erfolg zum unbestimmten Vorsatz zuzurechnen ist.

Nach dem K. sächsischen Crim.-G.B. fand — und in Altenburg findet — die Todesstrafe sogar da Anwendung, wenn bei dem Raub Jemand lebensgefährlich verwundet oder verstümmelt, in eine voraussichtlich unheilbare Krankheit versetzt, um die Entdeckung verborgener Habseligkeiten zu erzwingen gepeinigt worden ist. Das neue K. sächsische Straf-G.B. läßt noch die Todesstrafe eintreten beim Raub und räuberischer Erpressung, bei dem beendigten Versuch dieser Verbrechen und beim ausgezeichneten Diebstahl, wenn Jemand den Tod gefunden hat in Folge der Gewalt, die gegen ihn angewendet worden ist in der zum Thatbestand des Raubs oder der Erpressung erforderlichen Absicht oder von dem bei der That oder auf der Flucht betroffenen Dieb, um sich in dem Besitz des gestohlenen Guts zu behaupten, Art. 177, 179, 280, und fast wörtlich stimmt damit überein das Gesetz von Sachsen-Weimar vom 14. Juli 1856 sowie das Gesetz der anderen thüringischen Staaten, welche 1856—57 die Todesstrafe wieder einführten.

11. Brandstiftung ist mit dem Tod bedroht: in gewissen Fällen, wenn auch durch den Brand kein Menschenleben verloren gegangen ist: im Gesetzbuch von Hannover (in 13 Fällen), Art. 183, 184; von Sachsen-Altenburg (in 5 Fällen); nach dem K. Sächsischen von 1855 (in 3 Fällen), nach dem österreichischen — in Einem Falle;

sodann nach dem preußischen Gesetzbuche, §. 285, die Brandstiftung in bewohnten Gebäuden, andern zum Aufenthalt von Menschen dienenden Räumen, Eisenbahnwagen, Bergwerken ꝛc., sobald durch den Brand ein Mensch das Leben verloren hat,

endlich dann, wenn dieser Erfolg vom Thäter (beziehungsweise: wenn er als wahrscheinlich) hatte vorhergesehen werden können: Oesterreich, neues K. sächsisches Strafgesetzbuch, Baden, Großherz. Hessen, Gesetze der thüringischen Staaten aus den Jahren 1856—57.

12. Andere gemeingefährliche vorsätzliche Verbrechen, die den

Tod eines Menschen zur Folge gehabt haben, insbesondere: Verursachung einer Ueberschwemmung; einer Strandung; Beschädigung von Eisenbahnanlagen; Gefährdung des Transports auf der Eisenbahn durch Bereitung von Hindernissen ꝛc. ziehen unter gewissen, in den verschiedenen Gesetzgebungen verschieden bestimmten Voraussetzungen die Todesstrafe nach sich, z. B. nach dem preußischen Gesetzbuch, sobald in Folge der Handlung ein Mensch das Leben verloren hat, §§. 290—294, 302—3; nach dem badischen Gesetzbuch, §. 563—566, nur, wenn dem Thäter der Erfolg zum unbestimmten Vorsatz zuzurechnen ist; wieder nach andern, z. B. Oesterreich, §. 86—88, wenn der Erfolg von ihm wenigstens hatte vorhergesehen werden können.

Endlich findet sich

13. für das falsche meineidige Zeugniß oder Gutachten, durch welches die Hinrichtung eines Unschuldigen herbeigeführt worden, in mehreren Gesetzbüchern, z. B. Hannover, Art. 211; Baden, §. 489; K. Sachsen, §. 223; desgleichen für das entsprechende Amtsverbrechen der Richter — Vollstreckung einer nicht rechtskräftig erkannten Todesstrafe, z. B. in Bayern, Art. 381; Baden, §. 673, die Todesstrafe angedroht.

Hiemit ist das Verhältniß der deutschen Strafgesetzgebungen zu der Frage der Todesstrafe dargelegt.

Es ist dem beizufügen, wie sich — in den größeren Staaten die Anwendung der gesetzlichen Vorschriften gestaltet.

§. 5.
Statistische Nachweise über die Anwendung der Todesstrafe in Oesterreich und einigen größeren deutschen Staaten.

a. In Oesterreich

sind (s. Herbst, das österreichische Strafgesetz, Bd. 1, S. 11) von 1304 Todesurtheilen, welche vom Jahr 1803 bis 1848 in denjenigen Kronländern, auf die sich die Wirksamkeit des Strafgesetzbuches erstreckte, d. h. mit alleiniger Ausnahme des lombardisch-venetianischen Königreichs, gefällt worden waren, nur 448 zur Vollziehung gelangt, in 856 Fällen trat Begnadigung durch das Staatsoberhaupt ein; insbesondere wurden von 121 wegen Hochverraths und von 174 wegen Creditpapierfälschung geschöpften Todesurtheilen nur 2, beziehungsweise 3, und seit dem Jahr 1808 wurde wegen des letzteren Verbrechens überhaupt kein Todesurtheil mehr vollzogen.

Auch in der neueren Zeit überwog die Zahl der im Gnadenweg verwandelten Todesurtheile bedeutend die Zahl der vollstreckten:
1842 erfolgten 44 Todesurtheile, 15 Hinrichtungen;
1857 einschließlich der Standrechtsfälle 123 Todesurtheile: 68 wegen Mords, 56 wegen Raubs, Begnadigung trat in 44 Fällen ein;
1858 122 Todesurtheile, Begnadigung in 48 Fällen,
nach Abzug der Standrechtsfälle ergeben sich
1857 34 Verurtheilungen, 27 Begnadigungen;
1858 30 Verurtheilungen, 26 Begnadigungen;
1862 37 Verurtheilungen, 2 Hinrichtungen;
1863 32 Todesurtheile, 3 Hinrichtungen;
1864—65 57 Todesurtheile, 15 Hinrichtungen.

b. Preußen.

Vom Jahr 1818—54 ergiengen 988 Todesurtheile. In den durch K. Entschließung erledigten Fällen (125 waren zu Ende des Jahres 1854 unerledigt, 14 waren durch Flucht, Tod ꝛc. erledigt worden), wurden 563 begnadigt, 286 hingerichtet.

In der Rheinprovinz, wo der code pénal galt, wurden 1826—43 189 Todesurtheile gefällt, nur 6 vollzogen.

In einer durch Uebung einer größeren Strenge sich kennzeichnenden Periode wurden
1852 zum Tod verurtheilt 39, hingerichtet 14, begnadigt 15;
1853 zum Tod verurtheilt 40, hingerichtet 23, begnadigt 7;
1854 zum Tod verurtheilt 37, hingerichtet 20, begnadigt 6;
1855 zum Tod verurtheilt 54, hingerichtet 28, begnadigt 11;
1857 zum Tod verurtheilt 56, hingerichtet 24, begnadigt 18.
Von 1858 an steigt die Zahl der Begnadigungen.

Zur Einholung der K. Entschließung lagen dem K. Justizministerium vor:
1858—60 — 101 Todesurtheile,
1861—63 — 107   „   ,
erledigt wurden
1858—60 — 88, durch Umwandlung 77,
            „   Bestätigung 11,
1861—63 — 91,   „   Verwandlung 76,
            „   Bestätigung 15,
und zwar wurden wegen Mords Verurtheilte

1858—60 begnadigt 59, zurückgewiesen 10,
1861—63 „ 67, „ 14,
wegen Todtschlags Verurtheilte
1858—60 begnadigt 10, hingerichtet 1,
1861—63 „ 4, „ 1,
die wegen Brandstiftung zum Tod Verurtheilten 8 und 5 sämmtlich begnadigt.

cf. Goldtammer, Archiv, Bd. 11, S. 101, Bd. 13, S. 164.

c. Bayern.

1849—62 ergiengen 327 Todesurtheile (165 wegen Mords) und wurden 65 Personen hingerichtet,

z. B. im Jahr 1852 — 21 Todesurtheile (7 wegen Mords) und wurden 2 Personen hingerichtet;

1861—62 zum Tod verurtheilt 11 Personen, hingerichtet 1 Person;
1862—63 zum Tod verurtheilt 19 Personen, hingerichtet 1 Person.
1863—64 wurden 7,
1864—65 wiederum 7 Todesurtheile gefällt, (unter den 14 waren 10 wegen Mords, 4 wegen Raubs mit Tödtung), aber keines dieser Urtheile wurde vollzogen, wie denn auch seitdem stets Verwandlung der Strafe im Weg der Gnade erfolgt ist.

d. Im Königreich Sachsen

ergiengen 1856—60 11 Todesurtheile; 4 Verurtheilte wurden hingerichtet;
1860—62 6 Todesurtheile, von denen nur eines,
1863 3 „ , „ „ keines,
1864 und 1865 6 Todesurtheile, von welchen 3 zum Vollzug gebracht wurden.

e. In Hannover

wurden 1850—56 40 Personen zum Tod verurtheilt, davon 11 hingerichtet,

in der größeren Periode vom $\frac{1. \text{Nov.} 1840}{31. \text{Dez.} 1860}$ 105 Personen zum Tod verurtheilt,

davon 30 hingerichtet,
69 begnadigt.

f. Im Großherz. Baden

wurden 1852—60 21 Todesurtheile gefällt, davon 9 vollzogen;

1861 gegen 4 Personen, vollzogen an 2;
1862 ergieng kein Todesurtheil;
1863 ergiengen 3;
1864 ergieng 1 Todesurtheil;
dieselben wurden aber nicht vollzogen.
Vgl. Mittermaier, Todesstrafe, S. 75, 86.
Allg. deutsche Strafr.-Z. 1862 Nr. 48, Sp. 739, Nr. 12, 31.
1863 Nr. 3, Sp. 127—129.
1864 Nr. 2, Sp. 80—81.
1865 Nr. 2, Sp. 91—93.
1866 Nr. 2, Sp. 93.

Capitel 2.
Außerdeutsche Länder.

§. 6.

1. Schweiz.

Gesetzlich abgeschafft ist die Todesstrafe blos in den Cantonen Freiburg seit 1849 und Neufchatel — seit 1854, sodann in der ganzen Schweiz für politische Verbrechen.

In dem Canton Freiburg wurde vor einigen Jahren im Großen Rath die Frage von der Wiedereinführung der Todesstrafe in Anregung gebracht; die Sache scheint aber ruhen gelassen worden zu sein.

Dagegen wurde in Genf, Baselland, Bern die Abschaffung beantragt; die Berathung im Großen Rath endigte jedoch überall damit, daß sich die Majorität für Beibehaltung der Todesstrafe aussprach.

In Zürich soll die für Revision des Strafgesetzbuches niedergesetzte Commission für die Abschaffung der Todesstrafe sich ausgesprochen haben.
Vgl. Allg. deutsche Strafr.-Z. 1862 Nr. 49, Sp. 51.
1863 Nr. 3.
1865 Sp. 79.
1866 Nr. 1, Sp. 23.

§. 7.

2. Frankreich.

Die zu Ende des vorigen Jahrhunderts in der Nationalversammlung und im Nationalkonvent auf Abschaffung der Todesstrafe gestellten

Anträge hatten im Jahr V der Republik zu dem Beschluß der Abschaffung geführt. Derselbe sollte aber erst am Tag der Verkündung des allgemeinen Friedens in Wirksamkeit treten. Es war dieß eine Form, jene Anträge zu begraben.

Der code pénal von 1810 ist sehr verschwenderisch mit der Androhung der Todesstrafe. Dieselbe ist ausdrücklich oder indirekt in 39 Artikeln angedroht, die zum Theil mehrere Verbrechen in sich begreifen. Die Bestimmungen des code mußten insbesondere in Folge der strengen Grundsätze über die Bestrafung der Mitschuldigen und des Versuchs zu furchtbaren Härten führen.

Nach der Revolution von 1830 wurden in der Deputirtenkammer Anträge auf Abschaffung der Todesstrafe gestellt, jedoch verworfen.

Im Jahr 1832 trat eine große Milderung der Strafgesetzgebung ein, namentlich auch soweit die Todesstrafe in Frage kommt. Den Mängeln und Härten des code hätte natürlich am gründlichsten und sachgemäßesten durch eine umfassende Revision desselben abgeholfen werden können. Dabei hätten die Verbrechensbegriffe einer durchgreifenden Prüfung unterzogen, die mit Todesstrafe bedrohten Verbrechen vermindert, die zu hohen Straf-Minima herabgesetzt werden können. Allein dieser Weg erschien zu schwierig und mühsam. Es wurde daher nur bei wenigen Verbrechen die gesetzliche Strafdrohung gemildert.

In der Hauptsache wurde die Verbesserung der Mängel und Härten des code in die Hände der Geschworenen gelegt, indem ihnen durch die Gesetze vom 28. April 1832, 9. September 1835, (vgl. Art. 341 des Code d'instr. crim., Art. 463 des Code pénal) das Recht eingeräumt wurde, der Schuldigerklärung des Angeklagten den Ausspruch, daß zu Gunsten desselben mildernde Umstände vorhanden seien, mit der Wirkung beizufügen, daß der Gerichtshof von der ordentlichen, im Gesetz dem Verbrechen gedrohten Strafe mindestens um Einen Grad herabsteigen muß, um zwei Grade herabgehen kann. Von dieser wichtigen Befugniß machten denn auch die Geschworenen von Anfang an einen sehr ausgedehnten Gebrauch.

Nach der Revolution des Jahres 1848 wurde von der Nationalversammlung der in derselben gestellte Antrag auf gänzliche Abschaffung der Todesstrafe verworfen, dagegen wurde die durch ein Dekret der provisorischen Regierung vom 26. Februar 1848 proklamirte Abschaffung der Todesstrafe für politische Verbrechen in die Constitution vom 4. November 1848 aufgenommen, doch sprach ein Gesetz vom 10. Juni 1853 aus, daß (gleichwohl) Attentate gegen das Leben oder die Person des Kaisers oder das Leben eines Mitgliedes der kaiserlichen Familie (Art. 86, 87 des code pénal) mit der Todesstrafe bedroht seien.

Von diesem Falle abgesehen ist dermalen die Lage der französischen Gesetzgebung in Beziehung auf vorsätzliche Tödtung folgende:

Die Strafe für das generelle Verbrechen der gewollten Tödtung, — meurtre —, ist lebenslängliche Zwangsarbeit, Art. 295, 304.

Dagegen zieht das gedachte Verbrechen die Strafe des Todes nach sich, wenn zu dem generellen Thatbestand der gewollten Tödtung noch gewisse specialisirende Momente hinzutreten, und zwar dann, wenn das Verbrechen ist entweder

a. ein assassinat, b. h. begangen avec préméditation (und la préméditation consiste dans le dessein formé, avant l'action, d'attenter à la personne d'un individu determiné, ou même de celui qui sera trouvé ou rencontré, quand même ce dessein serait dépendant de quelque circonstance ou de quelque condition) — ou de guet-apens (und le guet-apens consiste à attendre plus ou moins de temps, dans un ou divers lieux, un individu, soit pour lui donner la mort, soit pour exercer sur lui des actes de violence). art. 296—298, oder

b. ein parricide: le meurtre des pères ou mères légitimes, naturels ou adoptifs, ou de tout autre ascendant légitime, art. 299, oder

c. infanticide: le meurtre d'un enfant nouveau-né, art. 300,

d. empoisonnement, art. 301, 302 (est qualifié empoisonnement tout attentat à la vie d'une personne, par l'effet de substances qui peuvent donner la mort plus ou moins promptement, de quelque manière que ces snbstances aient été employées ou administrées, et quelles qu'en aient été les suites.

Sodann verfügt noch art. 303: seront punis comme coupables d'assassinat, tous malfaiteurs, quelle que soit leur dénomination, qui, pour l'execution de leurs crimes, emploient des tortures ou commettent des actes de barbarie, und der Art. 304´ bestimmt, daß die vorsätzliche Tödtung die Todesstrafe nach sich ziehe, wenn le meurtre „aura précédé, accompagné ou suivi d'un autre crime", desgleichen „lorsqu'il aura eu pour objet, soit de préparer, faciliter ou exécuter un délit, soit de favoriser la fuite ou d'assurer l'impunité des auteurs ou complices de ce délit.*

In den letzten Jahren wurde theils im Senat, theils im gesetzgebenden Körper (Januar und Mai 1864, 7. April 1865) aus Anlaß von Petitionen oder von Anträgen von Mitgliedern über die Abschaffung der Todesstrafe verhandelt. Das Ergebniß war jedoch jedes Mal ein diesem Ziel nicht günstiges, wie denn z. B. bei der zuletzt erwähnten Berathung nur 26 für, dagegen 203 gegen die Abschaffung stimmten.

Freilich haben die Gegner der Todesstrafe den Trost, daß in Frankreich die Zahl der Todesurtheile und noch mehr die der Hinrichtungen sich sehr vermindert hat. Während z. B.

1825 134 Todesurtheile gefällt und 111 vollzogen,
1828 114   „   „   „ 75   „

wurden, wurden 1833 noch 50 gefällt und 34 vollzogen. Innerhalb des

---

* Obigen Bestimmungen zu Folge ist nach dem code mit dem Tod zu bestrafen:
a. als assassinat die in Folge eines vorbedachten Entschlusses begangene Tödtung, wäre der Entschluß darauf, an einem bestimmten Individuum oder auch nur darauf, an irgend welcher Person, auf die der Thäter stoßen würde, sich zu vergreifen, gerichtet, und wäre es auch nur ein bedingter Entschluß gewesen, sodann jede vorsätzliche Tödtung mittelst Auflauerns, und ein Auflauern im Sinn des Gesetzes ist vorhanden, wenn der Thäter längere oder kürzere Zeit auf Jemanden, sei es auch nicht in der Absicht, ihm den Tod zu geben, sondern nur in der Absicht, irgend welche Handlungen der Gewaltthätigkeit an ihm zu verüben, gewartet hatte,

und in der Bestrafung sind den des Affassinats Schuldigen gleichgestellt alle Uebelthäter, der Namen ihres Verbrechens sei welcher er wolle, die in Ausführung desselben Martern anwenden oder Handlungen der Grausamkeit begehen,

b. die vorsätzliche Tödtung der legitimen, natürlichen oder Adoptiv-Väter oder -Mütter oder eines andern legitimen Ascendenten,

c. die vorsätzliche Tödtung eines neugebornen Kindes,

d. die in der Absicht zu tödten begangene Vergiftung, welches auch der Erfolg gewesen sein mag,

e. die vorsätzliche Tödtung, welche vor, während oder nach der Verübung eines andern Verbrechens begangen wurde, oder welche zum Zweck hat, ein Vergehen vorzubereiten, die Verübung desselben zu erleichtern oder es auszuführen, oder den Urhebern oder Mitschuldigen dieses Vergehens die Flucht zu erleichtern oder die Straflosigkeit zu sichern.

Dabei ist wohl zu bemerken, daß der Versuch des Verbrechens wie das Verbrechen selbst bestraft wird, die Mitschuldigen (Anstifter, Gehilfen) wie die Urheber des Verbrechens bestraft werden.

zehnjährigen Zeitraums, 1850—60, aber wurden in Frankreich 499 Personen zum Tod verurtheilt, 278 hingerichtet, und zwar
1853 verurtheilt 39, hingerichtet 27,
1857 „ 58, „ 32,
1859 „ 36, „ 21.

Seit 1860 werden folgende Ziffern berichtet:
1861 zum Tod verurtheilt 26, hingerichtet 14,
1862 „ „ „ 39, „ 25,
1863 „ „ „ 20, „ 11,
1864 „ „ „ 9, „ 5.

Wie viel von der Abnahme der Todesurtheile auf Rechnung des Systems der mildernden Umstände zu schreiben ist, erhellt daraus, daß durch die Annahme mildernder Umstände die gesetzlich auf dem Verbrechen stehende Todesstrafe ausgeschlossen wurde, z. B.

1855 in 320 Anklagefällen, darunter 91 wegen Mords,
1858 „ 328 „ , „ 78 „ „
1861 „ 301 „ , „ 74 „ „
                           13 „ parricide,
1863 „ 297 „ , „ 79 „ Mords,
                           20 „ parricide.

Bei Anklagen wegen Kindsmords geschieht es fast ohne Ausnahme, z. B. 1863 in 125 Fällen, und nur in Einem Falle geschah es nicht.

Vgl. Mittermaier Todesstrafe, S. 81, 91, 101.
Allg. deutsche Strafr.-Z. 1862 Nr. 17, 48.
1864 Nr. 2, Sp. 73, 80.
1865 Nr. 2, Sp. 73, 75, 88.
1866 Nr. 1, Sp. 21, Nr. 2, Sp. 91.

§. 8.

3. Belgien.

Es gilt der code pénal.

Vom November 1829 bis Februar 1835 wurde kein Todesurtheil zum Vollzug gebracht; stets trat Verwandlung der Strafe im Weg der Gnade ein.

In den Kammern erfuhr von einzelnen Mitgliedern das Verfahren der Regierung Mißbilligung. Es wurde ein Mißbrauch des Begnadigungsrechts darin gefunden. Nachdem nun im Jahr 1834 die Zahl der gefällten

Todesurtheile auf die unter der niederländischen Regierung nie erreichte Zahl von 27 gestiegen war, wurde im Februar 1835 wieder ein Todesurtheil zum Vollzug gebracht.

Schon im Jahr 1834 und dann wieder 1848—50 wurden von der Regierung Entwürfe eines revidirten Strafgesetzbuchs bei den Kammern eingebracht. Für die politischen Verbrechen (die übrigens nicht näher bestimmt waren) sollte nach diesen Entwürfen die Todesstrafe nicht mehr Anwendung finden, sodann überhaupt nur noch auf die schwersten Verbrechen gegen Personen, und nur unter der Voraussetzung, daß nicht mildernde Umstände vorhanden wären (worüber übrigens der Gerichtshof zu erkennen haben sollte).

Nach der Gestalt, welche der Entwurf in den Berathungen beider Kammern erlangt hat, würde die Todesstrafe noch stehen auf dem Attentat gegen den König, Attentat gegen den Thronfolger, Mord, Todtschlag an Eltern, Vergiftung, auf dem schwersten Fall von Raub, auf Todtschlag um Diebstahl zu verüben, auf dem schwersten Fall der Brandstiftung.

Erst zu Anfang des Jahres 1866 wurde die Berathung des neuesten Entwurfs im Senat beendigt. In der Sitzung des Senats vom 7. Febr. l. J. wurde aber durch einen Antrag eines Mitglieds (Forgeur), die Todesstrafe durch lebenslängliche Zwangsarbeit zu ersetzen, eine nochmalige Berathung über die Frage der Todesstrafe herbeigeführt. Der Minister der Justiz, Bara, gab Namens der Regierung die Erklärung ab:

> Letztere hätte den Gegenstand in diesem Augenblick nicht an den Senat gebracht, aber nachdem Forgeur Solches gethan habe, erkläre sie, daß sie glaube, es hätte gegenwärtig keine Gefahr, die Todesstrafe aus dem Gesetzbuch zu streichen; die Umstoßung des Schaffots würde eine Vermehrung der gegenwärtig mit der Todesstrafe bedrohten Verbrechen nicht zur Folge haben.

Ungeachtet dieser Erklärung sprach sich nach zweitägiger Debatte die Mehrheit des Senats (33 gegen 15) für die Beibehaltung der Todesstrafe aus. *

---

* Ganz ähnlich verlief eine Verhandlung der belgischen Kammer der Abgeordneten, in der mehrere Minister, darunter der Justizminister Bara, für Abschaffung der Todesstrafe sich erklärten, die Majorität aber, unter Zustimmung von 2 Ministern, für deren Beibehaltung am 18. Januar 1867 mit 55 gegen 43 Stimmen sich aussprach.
(Allg. Zeitung vom 21. Jan. 1867, Beil., S. 341.)

— 22 —

Die Zahl der Fälle, in welchen sie wirklich zum Vollzug kommt, verkleinert sich auch in Belgien immer mehr.

In der Periode von 1831—50 wurden 480 Todesurtheile gefällt, 31 Personen hingerichtet; 1851—55 wurden 141 Todesurtheile gefällt, 17 vollzogen; in der 30jährigen Periode 1831—60 ergeben sich 721 Todesurtheile, 52 Hinrichtungen.

Aus neuerer Zeit werden folgende Zahlen berichtet:
1861 Todesurtheile gefällt 26, vollzogen nur 1,
1862 „ „ 19, „ „ 3,
1863 „ „ 13, „ „ 1.

S. Ber. der belg. Revis.-Comm. v. 1848.
Crim.-Arch. 1851, S. 144.
Mittermaier, Todesstrafe, S. 46, 53, 91, 94, 95, 82.
Allg. deutsche Strafr.-Z. 1866 Nr. 3, Sp. 173.
1862 Nr. 17, 48.
1865 Nr. 90.

§. 9.

4. Auch in den Niederlanden gilt noch der code pénal.

Bei einer im Jahr 1846 stattgehabten Berathung eines Entwurfs eines neuen Strafgesetzbuchs sprachen sich die Kammern für Beibehaltung der Todesstrafe aus, und nur die Beschränkung ihrer Androhung auf eine kleine Zahl von Verbrechen wurde als wünschenswerth erkannt.

Ein Gesetz vom 29. Juni 1854 brachte eine Milderung, indem z. B. für Nachahmung des Staatssiegels oder von Staatseffekten und Bankbillets, Münzfälschung, Todtschlag in Begleitung eines andern Delikts, falls es nicht Behufs dieses Delikts verübt wurde, ersten Kindsmord, Brandstiftung, wenn dabei kein Menschenleben absichtlich in Gefahr gebracht ist, die bisher auf diesen Verbrechen gestandene Todesstrafe aufgehoben wurde.

In den Niederlanden wurden
18¹¹/₆₁ Todesurtheile 423 gefällt, 101 vollzogen,
darunter weg. Vater-
morbs 7 „ 3 „
vorsätzlicher Tödtung 30 „ 14 „
Mords 109 „ 48 „
Vergiftung 24 „ 13 „

und zwar wurden in den zwei letzten Jahrzehnten jener 50jährigen Periode

18⁴¹/₆₀ gefällt 115 Todesurtheile und nur 10 vollzogen,
18⁴¹/₆₀ „ 79 „ „ „ 8 „ .

Seit 1861 aber fand keine Hinrichtung mehr statt, obschon 1862 9, 1863 13 Todesurtheile gefällt worden sind.

Nach einer Angabe Mittermaiers (Allg. deutsche Strafr.-Z. 1866, Nr. 2, Sp. 84) soll von der niederländischen Regierung ein die Abschaffung der Todesstrafe bezweckender Entwurf an den Staatsrath gebracht und dessen Gutachten zu Gunsten der Abschaffung abgegeben worden sein.

S. Zeitschr. für ausländ. R.W. Bd. 28, S. 291.
Allg. deutsche Strafr.-Z. 1863, Nr. 11, 12.

§. 10.

5. Italien.

In Toskana war unter Leopold I. die Todesstrafe, nachdem sie seit 1774 außer Anwendung gesetzt gewesen, 1786 auch gesetzlich aufgehoben worden. Sie wurde aber von 1790—1795 für die schwersten Staatsverbrechen und die schwersten Verbrechen gegen Personen (ausgezeichneten Mord, mit Inbegriff des Kindsmords und der Abtreibung der Leibesfrucht) wieder eingeführt. Indessen erst in der französischen Periode, in welcher das französische Gesetzbuch zur Herrschaft kam, wurde die Todesstrafe, und zwar häufig, in Anwendung gebracht.

Nach der Restauration wurde die Gesetzgebung von 1795 unter Ausdehnung der Todesstrafe auf Diebstahl mit Waffen oder Gewalt wiederhergestellt. Doch wurde seit 1831 kein Todesurtheil mehr vollzogen, und selbst zur Fällung eines solchen kam es höchst selten, weil die Gerichte auch bei der prämeditirten Tödtung zwei Grade, einfachen Mord und qualificirten Mord, die sich in der Willensstimmung unterschieden, aufstellten, und nur bei der zweiten Art die Todesstrafe eintreten ließen, weil ferner seit 1838 Einstimmigkeit der Richter zu einem Todesurtheil erforderlich war.

1847 wurde die Todesstrafe für Lucca, 1849 für Toskana aufgehoben; sodann zwar 1852 wieder eingeführt und auch im Strafgesetzbuch für Toskana vom 20. Juni 1853 beibehalten, aber nach der Umwälzung von 1859 abermals abgeschafft.

In der Republik San Marino wurde 1848 die Todesstrafe aufgehoben.

In den Gesetzbüchern für Neapel, Parma, die päpstlichen Staaten, Sardinien war die Todesstrafe aufrecht erhalten.

Namentlich in dem letzteren, dem sardinischen Gesetzbuch von 1838 ist reichlicher Gebrauch von derselben gemacht, sie ist in 41 Fällen gedroht. In dem neuen Gesetzbuch vom 20. November 1859 ist übrigens die Androhung auf 13 Fälle beschränkt, und dem Gericht für den Fall des Vorhandenseins erheblicher Milderungsgründe ein Abgehen von der ordentlichen Strafe gestattet.

Nach den Annexionen von 18^{59}/$_{60}$ wurde im Parlament beschlossen, die Entscheidung über die Beibehaltung der Todesstrafe bis zur Herstellung einer einheitlichen Gesetzgebung für das ganze Königreich ausgesetzt sein zu lassen.

Der im Januar 1862 von dem Ministerium vorgelegte Entwurf eines Strafgesetzbuches für Italien behielt die Todesstrafe bei, insbesondere für Mord; er stieß auf Hindernisse.

In dem im Jahr 1864 vorgelegten Entwurf war die Todesstrafe durch eine Kerkerstrafe (ergastolo), was nach den nähern Bestimmungen eine Strafe von großer Intensität wäre, ersetzt.

Am 13. März 1865 beschloß die Abgeordneten-Kammer, es sei die Todesstrafe (vorbehältlich des Militär- und Marinestrafrechts, sowie der Fälle des brigandaggio) abzuschaffen, obschon das damalige Ministerium erklärte, daß für jetzt die Verhältnisse in Italien die Abschaffung nicht gestatten, und mehr nicht als eine Verminderung der Zahl der Fälle, für welche Todesstrafe anzudrohen, zugegeben werden könne. Der Senat entschied sich dagegen für Beibehaltung der Todesstrafe.

    S. Mittermaier, Todesstrafe, S. 17, 49—51, 93.
    Gerichtssaal, 1862, S. 270.
    Allg. deutsche Strafr.-3. 1862 Nr. 17, 26, 48.
                  1865 Nr. 1, Sp. 21; Nr. 2, Sp. 83;
                            Nr. 5, Sp. 288.
                  1866 Nr. 1, Sp. 4, 10, 15.

§. 11.

6. England.

Noch unter Georg III. bestand die Todesstrafe für 242 Fälle. Durch die in den letzten Jahrzehnten erfolgten gesetzgeberischen Akte (die Jahre 1831, 1837, 1847, 1861 sind vorzugsweise von Bedeutung), wurde nun aber die Zahl der Verbrechen, auf welchen Todesstrafe stand, dermaßen verringert, daß seit 1861 die Todesstrafe aufgehoben ist bei allen Verbrechen mit Ausnahme des Hochverraths und des Mords. Dabei ist indeß wohl zu beachten, daß das Verbrechensbegriffe des englischen Rechts sind, welche

Mancherlei in sich begreifen. Was im Besondern den Mord anbetrifft, so wird die zu seinem Thatbestand gehörige vorher überlegte direkte oder indirekte böse Absicht (malice express or implied) in einer Weise beschrieben, daß, zumal unter der Einwirkung des Grundsatzes, bei jeder Tödtung sei die böse Absicht zu vermuthen, bis das Gegentheil aus der Beweisführung ersichtlich sei, in England Fälle einer ziemlich geringen Verschuldung als Mord bestraft werden. So ist für die Annahme der implied malice der Umstand entscheidend, daß „die tödtende Handlung von solchen Nebenumständen begleitet war, welche auf ein böswilliges, verderbtes und die Pflichten gegen die menschliche Gesellschaft hintansetzendes Gemüth schließen lassen, und welche es rathsam machen, den Verbrecher mit der größten Strenge zu strafen." Und als Beispiele von Mord werden in der Rechtsprechung angeführt: wenn Jemand ein Schießgewehr zwischen eine Menge von Menschen abfeuert und hiedurch einen davon tödtet; wenn einer Jemanden auf eine vorhergehende geringe Anreizung tödtet (Provokation durch Worte, Zeichen, Karrikaturen genügen nie, um Todtschlag zu begründen); wenn, Jemand einen Justizbeamten bei der ordentlichen Ausübung seiner Pflicht und um sich demselben hiebei zu widersetzen tödet (wogegen es bis zum Beweis direkter böser Absicht blos Todtschlag ist, wenn die Ladung, die der Beamte vollziehen wollte, mangelhaft, z. B. die Partei in dem Gerichtsbefehl unrichtig benannt war); wenn Jemand ein anderes felony oder eine der Natur der Sache nach auf Blutvergießen gerichtete ungesetzmäßige Handlung begeht und hiebei einen Andern unabsichtlich tödtet; (wogegen, wenn der Thäter in einer ungesetzmäßigen Handlung geringerer Art begriffen ist, die zufällige Tödtung — Todtschlag ist); und selbst wenn die Handlung an sich gesetzmäßig ist, ist doch, wenn sie ohne angemessene Vorsicht vorgenommen wird, die zufällige Tödtung eine verbrecherische, und zwar — wenn die Nachläßigkeit groß ist — Mord, ist die Nachläßigkeit gering — Todtschlag.

Vgl. Stephens, englisches Strafrecht, 1843, S. 214 fg.

Die Milderungen, welche in der englischen Strafgesetzgebung durch die fortschreitende Beschränkung der Fälle, für welche Todesstrafe zu erkennen, eingetreten ist, äußerten natürlich einen sehr bedeutenden Einfluß bezüglich der Zahl der Todesurtheile.

Während in England (und Wales)
im Jahr 1817 — 1302,

im Jahr 1831 sogar 1601 Todesurtheile ergangen sind, sank die Zahl derselben
1833 auf 931 (52 wegen Mords),
1834 auf 440 (86 wegen Mords),
1838 waren es noch 116,
1861 ergiengen 50 (26 wegen Mords),
1862 blos noch 28,
1863   29,
1864   31,
1865   20.

Was aber die Zahl der Hinrichtungen anbetrifft, so waren in England 1800—10 802, 1811—20 897 Personen hingerichtet worden.

In den 10 Jahren von 1831—1840 wurden noch 250, in den nächsten 10 Jahren noch 107 hingerichtet.

In der späteren Zeit wurden hingerichtet:
1859 — 9 Personen,
1860 — 19 „
1861 — 15 „
1862 — 16 „
1863 — 22 „
1864 — 19 „
1865 — 8 „ .

Kein Land hatte eine so barbarische Strafpraxis als England, kein Land machte noch bis vor 30—40 Jahren einen so verschwenderischen Gebrauch von der Todesstrafe, namentlich für Vergehen wider fremdes Eigenthum. Es ist daher nur natürlich, daß in England der Streit über die Todesstrafe die öffentliche Meinung in stärkere Bewegung versetzte, als anderswo. Viel ist nun bereits geschehen durch die allmählich erfolgte Einengung des Kreises verbrecherischer Handlungen, welche mit dem Tod bestraft werden. Die Anträge, die von Ewart auf völlige Abschaffung der Todesstrafe von Zeit zu Zeit im Unterhaus gestellt wurden, fielen immer durch. Doch war die Minorität, die sich für die Anträge erklärte, immer eine ansehnliche, und im Jahr 1864 erwirkte Ewart durch die Erneuerung seines Antrags die Ernennung einer königlichen Commission zur Prüfung der Frage der Todesstrafe. In ihrem zu Ende des Jahres 1865 erschienenen Bericht spricht sich die Commission (in ihrer Mehrheit) für

Beibehaltung der Todesstrafe aus. Nach den Mittheilungen, die bis jetzt über den Inhalt der Commissionsarbeiten vorliegen, sollen die vernommenen Zeugen aus dem Richterstand auf's Nachdrücklichste geltend gemacht haben, daß die Todesstrafe eine höchst abschreckende Wirkung habe, und daß sie in Fällen des Mords nicht abgeschafft werden sollte. Die Commission beantragte jedoch (neben Verbesserungen im Proceß und neben der Beschränkung der Oeffentlichkeit der Hinrichtungen), daß (wie in nordamerikanischen Gesetzbüchern) der Mord in zwei Grade zerlegt und nur der Mord ersten Grads mit dem Tod bestraft werden sollte. Dazu sollte gehören: die Tödtung, welche mit Ueberlegung und mit express malice und Vorbedacht verübt ist, oder welche in der Absicht, Mord, Brandstiftung, Nothzucht, Raub, Hauseinbruch, Seeräuberei zu begehen oder zu versuchen oder in der Absicht, nach der Verübung die Flucht zu sichern, begangen wird.

Eine auf die Vorschläge der Commission gegründete Bill wurde von der Regierung beim Parlament während der letzten Sitzung eingebracht und vom Unterhaus angenommen. Dagegen erregte im Oberhaus gerade die Clausel, welche die Sonderung des Mords in zwei Grade bezweckte, Anstoß und wurde von dem Hause verworfen.

Vgl. Mittermaier, Todesstrafe, S. 23, 31, 79, 95.
Allg. deutsche Strafr.-Z. 1862 Nr. 17, Sp. 263,
1864 Nr. 2, Sp. 74.
1865 Nr. 1, Sp. 29, 30; Nr. 2, Sp. 88; Nr. 11.
1866 Nr. 2, Sp. 80.
Augsburger Allgemeine Zeitung, von 1866, S. 789, 2053, 2551.*

---

* In der Session von 1867 und zwar in der Unterhaussitzung vom 14. Februar 1867 wurden von Walpole, dem Minister des Innern, wiederum zwei Bills über Anwendung der Todesstrafe eingebracht.

Die im vorigen Jahr vorgeschlagene Eintheilung des Mords in ein Verbrechen ersten und zweiten Grads ist nicht wieder aufgenommen; dafür ist vorgeschlagen, die Todesstrafe zu beschränken: auf vorsätzlichen, mit Absicht der Tödtung begangenen Mord, auf Mord oder Mitwirkung bei einem Mord begangen in der Verübung von Einbruch, Schändung, Brandstiftung, bei der Flucht oder Befreiung einer des Mords schuldig gesprochenen Person, auf Ermordung eines in Erfüllung seiner Amtspflicht begriffenen öffentlichen Dieners. — Alle andern Mordthaten sollen mit Zwangsarbeit von siebenjähriger bis lebenslänglicher Dauer bestraft werden. — Auch auf Kindsmord, von der Mutter begangen, soll in gewissen Fällen eine geringere Strafe stehen.

Die zweite Bill bestimmt, daß das Todesurtheil im Beisein von Zeugen innerhalb des Gefängnisses vollstreckt werde.

Vgl. Augsb. Allg. Zeitung, Nr. 50, S. 810.

§. 12.

7. **Nordamerika.**

Als Staaten, in welchen die Todesstrafe völlig aufgehoben ist, werden aufgeführt: Michigan, wo sie seit 1846; Rhode-Island, wo sie seit 1852 aufgehoben sein soll, und Wisconsin. (In Wisconsin sollen übrigens an dem Tag, an welchem die Aufhebung in Kraft treten sollte, zwei Räuber, die an diesem Tag vor Gericht gestellt werden sollten und denen also das neue Gesetz zuerst zu Statten gekommen wäre, gelyncht worden sein.)

In den Gesetzbüchern der andern Staaten ist die Todesstrafe theils für mehr theils für wenigere Verbrechen angedroht, insbesondere für Hochverrath, Meuchelmord, schwere Brandstiftung.

In einer Anzahl der Gesetzbücher, z. B. von Massachussets, New-York, Virginien, Indiana, hat der Mord zwei Abstufungen, die in den Gesetzbüchern verschieden abgegrenzt sind, und nur auf dem Mord ersten Grads steht der Tod. Dazu wird dann z. B. nach einem der Gesetzbücher gerechnet: die Tödtung, welche absichtlich und mit Vorbedacht oder bei Verübung von Brandstiftung, Nothzucht, Hauseinbruch, Raub oder durch Gift oder durch Auflauern oder Entziehung der Nahrung begangen wird.

Aus New-York wird aber neuerdings berichtet, daß, weil erfahrungsmäßig die Geschworenen aus Abneigung, zur Anwendung der Todesstrafe beizutragen, gewöhnlich nur den zweiten Grad des Mords annehmen, in dem 1864 ausgearbeiteten Entwurf eines Strafgesetzbuches von der Commission nur ein Grad des Mords (der mit dem Tod bedroht ist) aufgestellt worden sei, und zwar soll nach diesem Entwurf die Tödtung als Mord in drei Fällen betrachtet werden:

a) wenn sie (ohne die gesetzliche Ermächtigung) in der mit Vorbedacht gefaßten Absicht zu tödten verübt wird;

b) wenn sie durch eine unmittelbar für Andere gefährliche, ein völlig verdorbenes Gemüth und Gleichgültigkeit gegen Menschenleben beweisende Art verübt wird, obgleich keine Absicht vorlag, eine bestimmte Person zu tödten;

c) wenn die Tödtung auch ohne die Absicht zu tödten bei der Verübung einer andern Felony begangen wird.

Allgemeine deutsche Strafr.-3. 1865, Sp. 87.

§. 13.

8. In **Dänemark**
steht die Todesstrafe auf einer Reihe von Verbrechen, z. B. auch auf bewaffnetem Diebstahl, Nothzucht.

9. **Schweden.**

Hier war die Todesstrafe früher in häufiger Anwendung. Sie ist namentlich auch auf Kindsmord, Blutschande, widernatürlicher Unzucht gestanden.

In einem 1844 ausgearbeiteten Strafgesetzbuchsentwurf hatte die Todesstrafe keine Stelle mehr gefunden.

Es kam aber zunächst nur zu Stückgesetzen über wichtigere Verbrechenskategorien, und in einem Gesetz vom 29. Januar 1861 ist auf den Mord die Todesstrafe gesetzt, jedoch so, daß im Fall die That unter besonders mildernden Umständen verübt wäre auf lebenslängliche Strafarbeit herabgegangen werden dürfe. Die Todesstrafe ist ferner angedroht für Todtschlag, der von einem auf Lebenszeit Verurtheilten ohne besonders mildernde Umstände begangen wird, für Vergiftung, für Tödtung bei Abtreibung von Leibesfrucht.

Krit. Zeitschr. f. Rechtsw. d. Ausl. Bd. 20, Nr. 13, 14.
Bd. 28, Nr. 15.

In einem neuen Strafgesetzbuch soll die Todesstrafe beibehalten, aber durch die alternative Androhung — Tod oder lebenslängliche Strafarbeit — die Anwendung in das Ermessen des Richters gestellt sein.

Allg. deutsche Strafr.-Z. 1866, Nr. 2, Sp. 87.

10. In dem **norwegischen** Strafcoder vom 20. August 1842 ist die Todesstrafe für eine Reihe von Verbrechen: Mord, Vergiftung, Kindsmord, Abtreibung der Leibesfrucht ꝛc. angedroht.

§. 14.

11. **Rußland.**

Durch kaiserlichen Ukas vom 30. September 1754 wurde die Todesstrafe — aber nur für die ordentlichen Criminalgerichte — abgeschafft, während das Gesetz über die Anwendung bei dem höheren Criminalgericht, welches für die wichtigsten Staatsverbrechen eingesetzt war, schwieg.

Schon während der Regierung der Kaiserin Katharina war die Todesstrafe für schwere Staatsverbrechen wieder in Anwendung. In dem Strafgesetzbuch ist die Todesstrafe als ordentliche Strafe angenommen und für Hoch- und Landesverrath und bei Uebertretung der Quarantainegesetze angedroht. Da jedoch der Umfang der Staatsverbrechen nach dem Inhalt der Gesetze im höchsten Grad unbestimmt ist, und da es an einer festen gesetzlichen Grenze zwischen ordentlicher und außerordentlicher Criminaljustiz (Militärgerichtsbarkeit) fehlte, in 40 Fällen statt der ordentlichen die außerordentliche eintreten und der Kaiser die Aburtheilung besonders schwerer Verbrechen an ein besonderes Gericht (gewöhnlich Militärgericht) weisen konnte, so war die Todesstrafe in ziemlich ausgedehnter Anwendung; nicht zu gedenken, daß die Knute nicht selten den Tod des Gezüchtigten zur Folge hatte, und daß die Deportation ein Strafmittel ist, welches als Ersatz für die Todesstrafe gelten kann.

Allg. deutsche Strafr.-Z. 1865, S. 84.

Die Reformen, welche unter Kaiser Alexander II. eingeführt wurden, müssen auch in Beziehung auf die Bestrafung der schweren Verbrechen eine Wirkung äußern.

§. 15.

Die Abschaffung der Todesstrafe soll
11. im Königreich Portugal angebahnt,
12. in dem Strafgesetzbuch für Rumänien vom 22. Oktober 1864, sowie
13. in Neu-Granada
bereits erfolgt sein.

Vgl. Mittermaier, Allg. deutsche Strafr.-Z. 1865, Nr. 2, Sp. 82; Nr. 11.

Hiemit ist die Uebersicht über den Rechtszustand in den fremden Staaten, soweit er unmittelbaren Bezug auf die den Gegenstand der Erörterung bildende Frage hat, gegeben.

Es kann nun die Vergleichung zwischen den fremden Gesetzgebungen und der einheimischen gezogen werden.

Abschnitt II.

Vergleichung des Rechtszustands in den fremden Staaten mit der Württembergischen Gesetzgebung und Praxis in Betreff der Todesstrafe.

§. 16.

In den Vordergrund drängt sich sogleich die Thatsache, daß es, die einzelnen Länder als ein Ganzes betrachtet, ein verhältnißmäßig kleines Gebiet ist, in welchem die Todesstrafe gesetzlich völlig abgeschafft ist. In Deutschland ist das der Fall nur in drei kleineren Territorien mit einer Gesammtbevölkerung von ungefähr 900,000 Einwohnern. Außerhalb Deutschlands ist die Todesstrafe aufgehoben: in den zwei Schweizer Cantonen Freiburg und Neufchatel, in Toskana und San Marino, in Rumänien, in drei Staaten der nordamerikanischen Union, in Neu-Granada. Demnach ist die Todesstrafe, wie sie von den ältesten Zeiten an bei allen Völkern, bei Völkern mit den verschiedensten Religionen und Staatsverfassungen anerkannt sich findet, jetzt noch in den bei weitem meisten Strafgesetzgebungen und zwar der gebildetsten Völker anerkannt. Es muß aber vornehmlich noch hervorgehoben werden, daß in den drei größeren deutschen Staaten, in welchen seit der Abschaffung der Todesstrafe durch die Grundrechte neue Strafgesetzbücher und zwar durch Verabschiedung mit den Ständen geschaffen worden sind (Preußen, Königreich Sachsen, Bayern), die Todesstrafe beibehalten wurde; daß ferner vier andere deutsche Staaten, welche zur Zeit, als die Todesstrafe in Württemberg wieder hergestellt wurde, in dem von ihnen angenommenen Gesetzbuch — dem sogenannten Thüringischen — die betreffende Bestimmung der Grundrechte noch beibehalten hatten, seitdem ebenfalls zu der Todesstrafe zurückgekehrt sind; daß endlich in einer Anzahl vertretender Versammlungen, in welchen in neuerer Zeit die Abschaffung der Todesstrafe zur Sprache kam, für die Beibehaltung der Strafart entschieden worden ist.

Wenn man sodann den Kreis der Verbrechen in das Auge faßt, für welche in den Gesetzgebungen, in deren Strafensystem die Todesstrafe überhaupt eine Stelle hat, diese Strafe angedroht ist, so zeigt sich, daß unter den fraglichen Gesetzgebungen die württembergische durch den sparsamen Gebrauch, den sie von der Androhung der Todesstrafe macht, einen hervorragenden Platz einnimmt. Nach dem geltenden Gesetz (vom 17. Juni 1853, Art. 1) findet die Todesstrafe statt wegen dreier Verbrechen:

I. wegen Hochverraths in den im Strafgesetzbuch Art. 140, Ziff. 1 ausgehobenen Fällen eines Angriffs gegen die Person des Königs oder Reichsverwesers; *
II. wegen mit Vorbedacht zugefügter körperlicher Mißhandlung des Königs oder Reichsverwesers;
III. wegen Mords."

Nur die Gesetzgebung derjenigen Staaten, welche das Thüringische Strafgesetzbuch gleich Anfangs mit der Abänderung, daß die Todesstrafe in das Strafensystem eingeschaltet wurde, publicirten — Sachsen-Meiningen und Reuß jüngere Linie — ist in der Beschränkung der Anwendung der Todesstrafe noch weiter gegangen, wie denn in derselben die Todesstrafe auf das einzige Verbrechen des Mords gesetzt ist. Das braunschweigische Gesetzbuch kann mit dem württembergischen ungefähr in gleiche Linie gestellt werden, sofern dort der hochverrätherische Angriff in allen Fällen, dagegen das Majestätsverbrechen unter keinen Umständen — übrigens auch Hochverrath und Mord nur in gewissen Fällen absolut — mit dem Tod bedroht ist. Ueberall sonst, namentlich auch in den neueren deutschen Strafgesetzbüchern, desgleichen in den Gesetzen derjenigen Staaten des thüringischen Vereins, welche erst $18^{55}/_{57}$ die Todesstrafe wieder hergestellt haben, kommt die Todesstrafe in einem weiteren Umfang zur Anwendung; in England wenigstens in Folge davon, daß im englischen Recht der Begriff der mit der Todesstrafe bedrohten Verbrechen ein weiterer ist als im württembergischen.

---

* Der Art. 140 des Strafgesetzbuches von 1839 (Eingang und Ziff. 1) lautet:
„Das Verbrechen des Hochverraths wird begangen:
1. durch Angriff oder Verschwörung gegen die Person des Königs oder Reichsverwesers, wenn eine solche Unternehmung dahin abzielt, den Regenten zu tödten, gefangen zu nehmen, in Feindes Gewalt zu liefern, oder demselben auf irgend eine Weise die Regierung unmöglich zu machen;"
2. (Angriff oder Verschwörung gegen die Selbstständigkeit des Staats;)
3. (Angriff oder Verschwörung gegen die Staatsverfassung).

§. 17.

In der vorangestellten Ueberschau hat die Aufmerksamkeit besonders auf sich lenken müssen die Erscheinung, daß überall von den auf Grund der gesetzlichen Vorschriften ergehenden Todesurtheilen ein namhafter Theil nicht zur Vollstreckung gelangt, weil in den betreffenden Fällen im Weg der Gnade die Verwandlung der erkannten Todesstrafe in eine mildere Strafe eintritt. Je mehr man Grund hat anzunehmen, daß von dem Recht der Gnade der richtige Gebrauch gemacht wird, desto bedeutungsvoller ist jene Erscheinung, und beachtenswerth ist dabei namentlich, daß die Zahl der im Gnadenweg zur Verwandlung kommenden Todesstrafen im Verhältniß zu der Gesammtzahl der verhängten im Wachsen begriffen ist.

Z. B.: In Oesterreich ist innerhalb des Zeitraums von 1803 bis 1848 ungefähr ein Drittel der ergangenen Todesurtheile vollstreckt worden. Auch in späteren Jahrgängen kam ein eben so großer Bruchtheil zur Vollstreckung. In einzelnen Jahrgängen der neuesten Periode aber kommen auf 100 gefällte Todesurtheile (übrigens nur wenn von den Standrechtsfällen abgesehen wird) kaum 5 Hinrichtungen.

In Preußen wurde 1818 bis 1854 und noch bis 1857 (natürlich mit vielfachen Schwankungen der Zahl in den einzelnen Jahrgängen) ein Drittel bis zur Hälfte der gefällten Todesurtheile vollstreckt, in den letzten sechs Jahren, über welche Nachweise vorliegen, 1858—63, nur ein Achtel bis ein Siebentel. In Bayern, in welchem Land 1849—62 etwa ein Fünftel der zum Tod Verurtheilten hingerichtet wurde, sank in den späteren Jahrgängen dieses Zeitraums die Ziffer der Hinrichtungen auf ein Elftel bis ein Dreizehntel der Zahl der Todesurtheile, und seit 1862 wurde kein Todesurtheil mehr vollzogen. In Baden sind 1852—60 von 21 Todesurtheilen 9 zum Vollzug gebracht worden, seit 1863 aber wurde, so oft ein Todesurtheil gefällt wurde, Gnade gewährt. Nächstdem ist von den Niederlanden zu erwähnen, daß dort, nachdem in dem Jahrzehnt 1841—50 durchschnittlich im Jahr auf 11, 1851—60 durchschnittlich im Jahr auf acht Verurtheilungen zum Tod Eine Vollziehung gekommen war, seit 1861 keine Hinrichtung mehr stattgefunden haben soll, während in Belgien 1850—56 von 204 Todesurtheilen nur 22 vollzogen worden sind, seitdem aber die Vollziehung noch mehr zur Ausnahme geworden ist. In Frankreich freilich kommt regelmäßig mehr als die Hälfte der gefällten Todesurtheile zur Vollstreckung; 1826—52 wurden von 1668 Todesurtheilen 1065 vollzogen; allein durch das System der mildernden Umstände sind schon die Geschworenen in der Lage, Begnadigungen gewähren zu können, und von dieser Möglichkeit machen sie reichlichen Gebrauch.

§. 18.

Nun muß man allerdings, wenn man die fraglichen Thatsachen mit den Vorgängen in der württembergischen Rechtspflege zusammenstellen und für die Kritik der württembergischen Gesetzgebung verwerthen will, die Verschiedenheit in der Strenge der Gesetzgebungen wohl im Auge behalten. In Folge davon befindet sich unter den Todesstrafen, welche in den auswärtigen Staaten eine Milderung erfahren, eine gewisse, bald größere bald kleinere, Anzahl, welche wegen anderer (minder schwerer) Verbrechen verhängt wurde, als diejenigen sind, auf welche in Württemberg die Androhung der Todesstrafe beschränkt ist, und unter denen einzig der Mord seit 1853 die Erkennung der Todesstrafe zur Folge gehabt hat. Es ist indessen unzweifelhaft, daß überall unter den im Gnadenweg verwandelten Todesstrafen wegen Mords erkannte sind.

Die Ziffern in den österreichischen Tabellen (1829—1841 sollen wegen Mords 199 verurtheilt, 161 von den Verurtheilten soll Begnadigung gewährt worden sein), können freilich nicht herbeigezogen werden, weil das österreichische Gesetzbuch seinen eigenthümlichen weiteren Begriff von Mord hat. In Preußen fand bis zur Einführung der neuen Strafgesetzgebung gegenüber von den unter der Herrschaft des französischen Rechts ausgesprochenen Todesurtheilen in der Begnadigungs-Instanz ein eigenthümliches Revisionsverfahren statt; es wird aber aus Preußen berichtet, daß 1818—54 wegen Mords 404 verurtheilt, 171 hingerichtet, wegen Raubmords 130 verurtheilt, 78 hingerichtet; 1858—63 von 150 wegen Mords Verurtheilten 24 hingerichtet, mithin 84 auf 100 Verurtheilte begnadigt worden seien. In Frankreich wird jährlich wohl in mehr als 80, ja über 90 Anklagefällen wegen vorsätzlicher Tödtung die ordentliche Strafe des Todes durch die Annahme mildernder Umstände ausgeschlossen. In Württemberg sind seit der Wiedereinführung der Todesstrafe bis zum 30. Juni 1866 27 Todesurtheile gegen 33 Personen ausgesprochen, von den Verurtheilten 19 hingerichtet, 14 zu Zuchthaus begnadigt worden. Vgl. die Uebersicht, Beilage A.

Beilage A.

Uebersicht

über die im Königreich Württemberg in der Zeit vom $\frac{\text{1. Juli 1839}}{\text{30. Juni 1866}}$ wegen Mords und Mordversuchs ergangenen verurtheilenden Erkenntnisse.

Geschäftsjahr vom $\frac{\text{1. Juli}}{\text{30. Juni.}}$	wegen Mords			wegen Mordversuchs.
	zum Tod		zu lebenslänglichem Zuchthaus.	
	vollzogen.	im Gnadenweg verwandelt.		
1839—40	2 Personen	1	1	2
1840—41	2	—	3	1
1841—42	1	—	—	1
1842—43	—	1	—	—
1843—44	4 (in 2 Fällen)	—	1	1
1844—45	1	—	1	1
1845—46	—	—	—	1
1846—47	—	—	—	2
1847—48	4 (in 3 Fällen)	—	1	—
1848—49	1	3	1	—
1849—50	—	—	4	4
1850—51	—	—	2	1
1851—52	—	—	1	4
1852—53	—	—	10	6
1853—54	4 (in 3 Fällen)	—	2	6
1854—55	1	1	1	3
1855—56	1	1	1	—
1856—57	1	—	—	2
1857—58	1	—	—	2
1858—59	1	3 (in 2 Fällen)	—	1
1859—60	—	4 (in 3 Fällen)	—	2
1860—61	2	—	—	1
1861—62	—	1	—	5 (in 3 Fällen)
1862—63	6 (in 3 Fällen)	—	—	1
1863—64	2	—	—	1
1864—65	—	4	—	2 (in 1 Fall)
1865—66	—	—	—	2

Offenbar ist die Zahl der Fälle, in welchen an die Stelle der wegen Mords gerichtlich erkannten Todesstrafe im Wege der Gnade eine mildere Strafe gesetzt wird, eine größere, als daß sich annehmen ließe: es seien hiebei immer blos schuldmodificirende Umstände von ganz ungewöhnlicher Art, welche eben deßhalb von dem Gesetzgeber bei der Bestimmung der Strafe nicht vorhergesehen werden konnten, maßgebend, oder Rücksichten rein menschlicher oder sittlicher Art, Humanitätsrücksichten und dergleichen, die dieser Beschaffenheit wegen bei der Normirung der Strafe nicht zu beachten waren. In der Natur der Sache liegt es zwar, daß gegenüber von Todesurtheilen die Begnadigungsthätigkeit eine andere Stellung als gegenüber von andern Strafurtheilen einnehmen und bei den ersteren eher dazu kommen wird, eine Milderung der Strafe eintreten zu lassen. Gleichwohl wird man durch derartige Wahrnehmungen an die bekannte Erfahrung erinnert, daß, wenn ein Strafgesetz sich überlebt hat oder zu hart ist, und zugleich den Gerichten die Möglichkeit, durch „Interpretation" zu helfen, abgeschnitten ist, — durch gehäufte Begnadigungen jene Mangelhaftigkeit des Gesetzes zugleich zur Heilung und zur Offenbarung zu kommen pflegt. Man ist genöthigt, zugleich in Betracht zu ziehen, welch' große Umwälzungen in der Strafgesetzgebung und gerade in dem Strafensystem durch den in den rechtlichen und sittlichen Anschauungen vor sich gegangenen Wechsel bereits herbeigeführt worden sind; wie in Folge dieses Wechsels insbesondere die Anwendung der Todesstrafe, von der in älterer Zeit ein so reichlicher Gebrauch gemacht wurde, nach und nach überall, und meistens auf wenige Verbrechen, beschränkt worden ist, und es sind die Kundgebungen zu berücksichtigen, die immer auf's Neue gegen die Todesstrafe erfolgen.

Nach allem diesem nun erscheint die Lage der Gesetzgebung in Betreff der Todesstrafe keineswegs als eine so beruhigende, daß nicht die Untersuchung der Frage geboten wäre, ob nicht die Zeit gekommen sei, die Todesstrafe völlig zu beseitigen, oder ob nicht wenigstens eine Aenderung der Gesetzgebung in der Richtung am Ort und möglich wäre, daß durch eine Beschränkung der gesetzlichen Drohung auf eine geringere Zahl von Fällen oder durch eine Erweiterung der richterlichen Machtbefugniß bezüglich der Anwendung des Gesetzes im einzelnen Fall die Zahl der Erkenntnisse auf Todesstrafe verringert würde.

Abschnitt III.
Zum Streit über die Rechtmäßigkeit und Nothwendigkeit der Todesstrafe.

§. 19.

Der Streit über die Todesstrafe ist seit geraumer Zeit nicht mehr ganz von der Tagesordnung verschwunden. Es ist kaum denkbar, daß dem Gegenstand noch ein in der That neuer Gesichtspunkt abgewonnen wird.

Natürlich sind mit der Doktrin, welche den Staat und das Strafrecht des Staats auf einen Vertrag gründet, die Einwendungen gegen die Todesstrafe, welche wesentlich auf der Fiktion des Socialvertrags und auf der Fiktion eines der Staatsbildung vorausgegangenen Naturzustands beruhen, in den Hintergrund getreten, also die Einwendung: der Staat dürfe das Leben dem Bürger darum nicht zur Strafe entziehen, weil das Leben ein unveräußerliches Gut sei und daher von den Bürgern das Recht, sie durch Entziehung des Lebens zu strafen, nicht habe dem Staat übertragen werden können, desgleichen die Einwendung, daß die Strafgewalt des Staats das Recht zur Todesstrafe darum nicht haben könne, weil die Menschen, wenn sie sich im absoluten Stand der Natur befinden, zwar das Recht zu tödten im Fall der Nothwehr gegen widerrechtliche Angriffe haben, jedoch von Nothwehr keine Rede sein könne, wenn das Verbrechen bereits begangen, der Verbrecher gefangen und in der Gewalt des Strafgerichts sei.

Ferner wird — was im Einklang mit der Thatsache steht, daß die Ansicht, welche den Besserungszweck zur Grundlage des Strafrechts macht, im Ganzen wenige Vertreter hat, kaum irgend wo ein eigentlich entscheidendes Gewicht dem Gegengrund beigemessen, daß die Todesstrafe die Besserung nicht in Rechnung nimmt, und daß, die Fälle plötzlicher Erweckungen abgerechnet, dem Verbrecher die Möglichkeit einer wahrhaften Besserung abgeschnitten wird.

Wendet man sich dann aber zu den Vertheidigern der Todesstrafe und zunächſt zu denen, die ſich zu einer der relativen Strafrechtstheorien bekennen, ſo fehlt es auch jetzt noch nicht an ſolchen Vertheidigern der Strafe, die auf der Theorie des pſychologiſchen Zwangs fußen; welche Theorie bekanntlich den Grund der Nothwendigkeit und des Daſeins der Strafe in der Nothwendigkeit der Erhaltung des freien geſicherten Beiſammenlebens durch Aufhebung des ſinnlichen Antriebs zu Rechtsverletzungen mittelſt des im Geſetz anzudrohenden und kraft des Geſetzes zuzufügenden Strafübels findet und es als eine lediglich von der Criminalpolitik zu erörternde Frage betrachtet: welche Strafen zu beſtimmen ſeien, um dem Zweck aller Strafen zu entſprechen und nebenbei ſo viel möglich andere menſchliche und bürgerliche Zwecke zu fördern.

Eine größere Anzahl von den Vertheidigern der Todesſtrafe, die auf dem Boden relativer Theorien ſtehen, dürfte derjenigen Anſicht folgen, welche in der Strafe das Mittel zur Vergütung des durch die Verübung von Verbrechen für den Staat entſtehenden idealen Schadens ſieht und auch die Todesſtrafe als zuläßig erkennt, wenn und ſo weit der Staat jenen Schaden nicht anders aufheben, die verletzte Gerechtigkeit nicht anders herſtellen und die Unantaſtbarkeit des Geſetzes nicht anders bekräftigen zu können überzeugt iſt. (Welcker, Wächter.)

Indeß die Oberhand hat ohne Zweifel die Auffaſſung gewonnen, daß die Begründung und Rechtfertigung der Strafe in ihrer eigenen inneren Gerechtigkeit zu ſuchen ſei; und daß erſt, wenn die Rechtfertigung der Strafe hierin gefunden ſei, davon die Rede ſein könne, aber auch, ſoweit es die Gerechtigkeit erlaubt, die Rede davon ſein ſolle, die Nützlichkeitszwecke zu befriedigen.

Nach dieſer Auffaſſung der Strafe, in welcher Verfechter und Gegner der Todesſtrafe zuſammentreffen, liegt das Weſen der Strafe darin, ein Akt der vergeltenden Gerechtigkeit zu ſein; die unmittelbare Wirkung der Vergeltung iſt die Genugthuung und ſie herbeizuführen der erſte Zweck der Strafe. Ihr Maß aber hat die Strafe in dem Verbrechen. Sie iſt Vergeltung nach dem Grundſatz der Gleichheit. Auch das noch wird von beiden Seiten anerkannt, daß die Gleichheit von Verbrechen und Strafe keine äußere (ſpecifiſche) zu ſein brauche. Das Erforderniß der Gleichheit wird von Kant dahin beſtimmt: es genüge, wenn die Gleichheit der Wirkung noch zur Anwendung komme, während Hegel fordert, daß das Strafübel dem Werthe nach dem Verbrechen gleich ſtehe.

Von diesen gemeinsamen Ausgangspunkten gehen dann aber freilich die Ansichten sehr aus einander.

Von den Vertheidigern der Todesstrafe, die auf der angedeuteten Grundlage stehen, wird die Todesstrafe zunächst für den Mord damit begründet, daß für dieses Verbrechen die Vergeltung nach dem Grundsatz der Gleichheit nicht anders als durch die Todesstrafe herzustellen sei. Es gebe, sagt Kant, keine Gleichartigkeit zwischen einem noch so kummervollen Leben und dem Tod; Hegel: für den Mord könne, da das Leben der ganze Umfang des Daseins sei, die Strafe nicht in einem Werth, den es dafür nicht gebe, sondern wiederum nur in der Entziehung des Lebens bestehen; Pfotenhauer: für ein gemordetes Leben gebe es keinen andern Gegenwerth als wiederum das Leben. Sobann die innere Seite der That ins Auge gefaßt, wird geltend gemacht: an das Maß der Schuld, welche beim grausamen Mord dem Verbrecher zur Last falle, reiche keine Freiheitsstrafe: „die Schuld könne einen Grad erreichen, wo der innerste Widerspruch nicht anders aufgehoben werden könne als mit dem physischen Dasein, wo der Leib hingegeben werden müsse um die Seele zu retten:" (Abegg.) Endlich daß der Staat das Leben zur Strafe entziehen dürfe, wird daraus abgeleitet, daß das sinnliche Leben ein Recht sei, welches von dem Verbrecher verwirkt werden könne wie ein anderes; und welches von dem Staatsangehörigen verwirkt werde, wenn er die Bedingung, unter der er den Schutz des Staats für sein Leben genießt, dadurch verletzt, daß er sich an dem Leben eines Andern vergreift; daß das Leben der Heiligkeit des Rechts und der Gerechtigkeit gegenüber nicht einen absoluten Werth behaupten könne, vielmehr, wie in andern Sphären, der Idee geopfert werden müsse.

Von den Gegnern der Todesstrafe, die ebenfalls von dem Princip der vergeltenden Gerechtigkeit ausgehen, wird nun bestritten, daß die Todesstrafe aus dem Gedanken der Gerechtigkeit zu folgern sei. Es wird eingewendet, daß das Uebel, welches durch das Verbrechen angerichtet werde und das also den Maßstab für die Strafe bilden solle, weniger in der Verletzung des betroffenen Privaten, als in der Verletzung der Rechtsordnung liege; daß übrigens auch noch andere Rechte nicht genau meßbar seien und jene Argumentation, die zu Gunsten der Todesstrafe vorgebracht werde, zur rohen Talion zurückführe; es wird ferner geltend gemacht, daß man, indem man von einer Schuld spreche, die nur durch einen blutigen Opfertod zu sühnen sei, in das Gebiet religiöser und moralischer Aburtheilung sich verirre, und der ganze Satz eben nur eine Behauptung sei; daß aber das Leben aus der Reihe der Strafmittel schon darum zu streichen sei, weil in dem Verbrechen, das immer nur eine bestimmte Handlung sei, niemals die ganze Subjectivität als unheilbar böse sich preisgebe. (Köstlin. — Berner.)

Gegenwärtig wird übrigens die Rechtfertigung der Todesstrafe aus dem Grund der Gerechtigkeit selten mehr in dem strengen Sinn verstanden, als ob die Todesstrafe absolut und für alle Zeiten die adäquate Strafe gewisser Verbrechen wäre. Die Theorie kann die Thatsache nicht unbeachtet lassen, daß gerade in Beziehung auf die Frage, welche Strafarten zulässig seien, und in Beziehung auf die Proportion von Schuld und Strafe im Lauf der Zeiten die Ansichten großen Aenderungen unterworfen und die eingreifendsten Umgestaltungen des positiven Rechts die Folge davon gewesen sind. Sodann pflegt jetzt sofort eingeräumt zu werden, daß der Staat von seinem Recht zur Todesstrafe nur dann Gebrauch machen dürfe, wenn das Interesse der Erhaltung der äußern Rechtsordnung diese Strafe erheische.

So ist man denn durch die Rechtfertigungen der Todesstrafe, die bis jetzt berührt worden sind, auf die Erörterung der zwei Fragen hingeführt:

einmal: ob die Todesstrafe mehr als ein anderes Strafmittel geeignet sei, die wirkliche Verübung von Verbrechen zu verhindern?

zweitens: ob die Todesstrafe und zwar nach dem gegenwärtigen Stand des Rechtsbewußtseins im Volk als die allein der Größe gewisser Verbrechen entsprechende Strafe (als die gerechte) anzusehen sei?

1. Werth der Todesstrafe für die Sicherung der Rechtsordnung.

§. 20.

Was den Werth der Todesstrafe für den Sicherungszweck betrifft, so wird von den Gegnern der Todesstrafe ausgeführt: gegenüber von dem Verbrecher selbst gewähre die lebenslängliche Einsperrung hinlänglichen Schutz; als Abschreckungsmittel für die zum Verbrechen geneigte Masse werde die Todesstrafe von der Freiheitsstrafe, als welche ein Leiden von langer ununterbrochener Dauer mit sich bringe, in der Wirksamkeit sogar noch übertroffen. Zur Unterstützung dieser Einwendung wird viel ſtatiſtiſches Material, namentlich in den Arbeiten Mittermaiers, beigebracht. So gewiß es aber für die Entſcheidung der Frage von der Beibehaltung der Strafart von größtem Intereſſe wäre, falls darüber, welchen Einfluß das Beſtehen oder das Nichtbeſtehen der Todesſtrafe auf die Zahl der Verbrechen habe, ein ſicheres Urtheil auf Grund ſtatiſtiſcher Erhebungen abgegeben werden könnte, ſo wenig unterliegt es einem Zweifel, daß es noch an einer genügenden Grundlage für die **Beurtheilung der bezeichneten Frage aus der Erfahrung** fehlt. Völlig abgeſchafft iſt die Todesſtrafe nur in wenigen und kleineren Territorien, zum Theil noch nicht einmal lange. Sodann äußern auf die Zu- und Abnahme der Verbrechen außer der Strenge des Strafgeſetzes ſo viele andere Momente Einfluß (Volkswohlſtand, der Stand der Bildung und moraliſchen Erziehung des Volks, die Organiſation der Juſtiz, polizeiliche Einrichtungen u. ſ. f.), daß die Frage: was davon auf Rechnung der Milderung oder Verſchärfung des Strafgeſetzes zu ſchreiben ſei? auf eine überzeugende Weiſe kaum jemals zu beantworten ſein wird. Außer allem Zweifel ſteht nur ſo viel, daß darüber, wie Viele etwa durch die Drohung des Strafgeſetzes von der Verübung eines Verbrechens ſich abhalten ließen, aus den Tabellen nie eine Aufklärung zu erholen iſt. Auch wird die Entbehrlichkeit der Todesſtrafe damit natürlich nicht bewieſen, wenn bewieſen werden kann, daß die Beſeitigung der früheren grauſamen Strafgeſetze Nichts geſchadet hat. Wenn aber von den Gegnern der Todesſtrafe ſogar vorgebracht wird, daß da, wo dieſelbe auf eine kleinere Zahl von Verbrechensfällen beſchränkt worden ſei, die Verbrechen, in Beziehung auf welche die Todesſtrafe aufgehoben worden, in Folge dieſer Maßregel ſich nicht etwa bloß nicht vermehrt, nein, im Gegentheil vermindert haben, ſo iſt einleuchtend, daß eine ſolche Wirkung der Aufhebung ſich bloß unter ganz beſondern Vorausſetzungen denken läßt, nemlich nicht anders, als wenn die Todesſtrafe früher ſo verſchwenderiſch angedroht war und ſo häufig angewendet wurde, daß der erſchütternde Eindruck, den die Strafart bei ſparſamer Anwendung mit Nothwendigkeit hervorbringt, verloren gieng, und wenn ſie in der Anwendung auf die fraglichen Verbrechen ſo ganz dem Rechtsgefühl des Volks widerſprach, daß diejenigen, welche das Geſetz in Bewegung zu ſetzen, zur Anwendung zu bringen oder hiefür mit thätig zu ſein gehabt hätten (Damnifikaten, Geſchworene, Richter, Zeugen) ſäumig waren oder gar Alles anwandten, um den Eintritt der gesetzlichen Strafe abzuwenden, und wenn so vielleicht jene Verbrechen so lange und gerade deßhalb, weil die Todesstrafe auf denselben stand, häufig straflos gelassen worden waren. Indessen ist zu erwähnen, daß in England, auf dessen Erfahrungen sich bei jenem Vorbringen hauptsächlich berufen wird, vor der im Jahr 1847 zur Prüfung der Frage von der Todesstrafe eingesetzt gewesene Commission und in Rechtszeitschriften Stimmen laut geworden sind, die der Aufhebung der Todesstrafe bei Nothzucht und Fälschung (!) geradezu die Wirkung einer Vermehrung dieser Verbrechen zuschrieben,* und daß in Frankreich die Reform von 1832 von einer erheblichen Vermehrung der Verbrechen gefolgt war. Und was die Länder betrifft, in welchen die Todesstrafe gesetzlich oder durch regelmäßig eintretende Begnadigung faktisch gänzlich aufgehoben ist oder war, so stehen den Behauptungen der Gegner der Todesstrafe, daß in Folge der Aufhebung die Verbrechen sich nicht vermehrt haben, widersprechende gegenüber. Von dem österreichischen Sektionschef v. Hye-Glunneck wurde auf dem vierten deutschen Juristentag vorgetragen, die Wiedereinführung der Todesstrafe in Oesterreich nach ihrer Aufhebung durch Kaiser Joseph sei erfolgt, nachdem die Wiedereinführung von den Gerichtshöfen für eine unerläßliche Nothwendigkeit, wenn man den zunehmenden Morden steuern wolle, erklärt worden, und auch die Zurücknahme der im Jahr 1848 getroffenen Anordnung der Sistirung des Vollzugs der Todesstrafen sei wegen der Ueberhandnahme der Frevelthaten für eine Nothwendigkeit erklärt worden. Es sind ferner in dem Bericht der in Belgien im Jahr 1848 zur Revision des Code eingesetzt gewesenen Commission die Wirkungen, welche von der faktischen Aufhebung während der Jahre 1829—1835 in Belgien wahrzunehmen waren, in einem der Aufhebung der Strafe keineswegs günstigen Sinne beurtheilt. Weiter hat bei den Verhandlungen, die im Jahr 1865 im italienischen Parlament über die Abschaffung der Todesstrafe statt hatten, das Ministerium seinen Widerspruch gegen die Aufhebung unter Anderem auf die Ergebnisse der Criminalstatistik von Toskana, die dann freilich von der Gegenseite für trüglich erklärt wurden, gestützt. Wo die Strafart blos thatsächlich außer Anwendung ist, bleibt überdieß immer die Frage: inwie-

---

* Krit. Zeitschr. f. d. R.W. d. Ausl. Bd. 28, S. 466 fg.

weit noch etwa die gesetzliche Drohung eine abhaltende Wirkung geäußert haben mag.

Bei dieser Lage des Erfahrungsbeweises ist man um so mehr darauf angewiesen, für die Beurtheilung der Frage: welcher Werth der Todesstrafe als Mittel, von Verbrechen abzuhalten, beizumessen sei, die Natur jener Strafe und die Natur des Menschen zu Rath zu ziehen.

§. 21.

Der Gesetzgeber hat sicherlich allen Grund, davon auszugehen, daß die Todesstrafe die schwerste Strafe sei; ist ja doch der Tod das schwerste Uebel, das ein sinnliches Wesen treffen kann, und der Tod auf dem Schaffot hat noch seinen eigenthümlichen Schrecken. Es muß nun zwar anerkannt werden, daß die Leidenschaft, welche zum Verbrechen antreibt, in ihrer höchsten Steigerung die gesammte Seele zu unterjochen und von allem Andern abzulenken vermag. Aber in der Regel wird in der innern Berathung, welche dem Entschluß vorausgeht (man darf nie vergessen, daß es sich um vorbedachte Verbrechen handelt), auch der Gedanke an die Strafe, welche auf die That folgen könnte, auftauchen; und wenn gleich der, welchen derartige Entwürfe beschäftigen, gerne mit der Hoffnung sich schmeicheln wird, durch schlaue Veranstaltungen der Entdeckung zu entgehen, oder wenn je verfolgt — freigesprochen oder wenigstens zum Zuchthaus begnadigt zu werden, so muß er sich doch sagen, daß das eben Hoffnungen sind, und daß es auch anders gehen kann, als er hofft. Kann man nun, wenn man die Menschen nimmt, wie sie sind, bezweifeln, daß es einen großen Unterschied ausmachen wird, ob an dem Schlußpunkt der Vorstellungenreihe als schlimmste Eventualität die Todesstrafe oder das Zuchthaus steht, zumal wenn man berücksichtigt, daß auch im letztern Fall die Hoffnung, unentdeckt zu bleiben oder freigesprochen zu werden, und daß überdieß die Hoffnung, es werde die Strafe, wenn schon im Urtheil als eine lebenswierige verhängt, thatsächlich keine Freiheitsberaubung auf Lebensdauer sein, dem Eindruck der Strafdrohung entgegenwirken wird? Die Vorstellung, die Sache könnte mit der Hinrichtung endigen, ist sicherlich eher geeignet, erstickend auf die verbrecherischen Gelüste, Begierden und Pläne einzuwirken. Natürlich kann und will nicht in Abrede gestellt werden, daß diese Vorstellung die Abschreckung zu bewirken auch dann nicht vermögend sein wird, wenn dem, der mit dem Gedanken, ein todeswürdiges Verbrechen zu begehen, sich trägt, der Zweck, auf dessen Befriedigung es abgesehen ist, wichtig genug ist, um das Leben daran zu wagen. Allein gemeine und sinnliche Menschen, wie die Mörder gewöhnlich sind, hängen zu sehr am Leben, als daß man die Todesverachtung für den regelmäßigen Fall halten könnte, und darum, weil eine Strafe als Abschreckungsmittel keinen vollständigen Erfolg hat, kann nicht behauptet werden, daß sie für jenen Zweck unwirksam sei.

Daß es für den, welcher bereits zu lebenslänglichem Zuchthaus verurtheilt ist, nach Aufhebung der Todesstrafe keine Strafe von Belang mehr gibt, selbst für den Mord nicht, ist eine Consequenz, der keinenfalls jeder Anspruch auf Beachtung aberkannt werden kann, und der gleiche Fall ist es mit dem Argument, daß der, welcher ein anderes auf der höchsten Stufe der Strafbarkeit stehendes Verbrechen, wie einen Raub oder eine Nothzucht, begangen hat, und darüber schwankt, ob er sein Opfer am Leben lassen oder (zur Sicherung seiner eigenen Straflosigkeit) lieber vollends tödten will, eher zum Ersteren sich entschließen werde, wenn er weiß, daß er durch die Ermordung seinen Kopf auf das Spiel setzt.

Ein weiteres Moment aber, dessen Bedeutung sogar sehr hoch angeschlagen werden muß, ist das, daß, wenn die Strafe des Todes auf einem Verbrechen, wie der Mord, steht, eben hiedurch im Volk das Bewußtsein der Schwere des Verbrechens, der natürliche Abscheu vor demselben lebendig erhalten wird, was an sich schon die Wirkung hervorbringen kann, den Gedanken der Verübung dieses Verbrechens ferne zu halten. Ja selbst in Beziehung auf andere schwere Verbrechen kann daraus, daß die Unverbrüchlichkeit des Gesetzes so entschieden zur Manifestation gekommen ist, eine ähnliche heilsame Wirkung sich geltend machen.

Eine der Einwendungen, welche von den Gegnern der Todesstrafe wider dieselbe erhoben werden, beruht darauf: die Kraft der Repression sei bei einem die Todesstrafe androhenden Gesetz eine verhältnißmäßig geringere, weil, wo die Todesstrafe gedroht ist, der Verbrecher mehr als bei andern Strafen die Aussicht habe, daß ihn die Strafe nicht treffe, und demnach diese Androhung für das wahre Interesse der Strafrechtspflege, nemlich — daß kein Verbrechen straflos gelassen werde, sogar nachtheilig. In dieser Beziehung genügt es, auf das zu verweisen, was früher (S. 41) über den Zusammenhang berartiger Erscheinungen mit verschwenderischem Gebrauch der Todesstrafe bemerkt worden ist. In Württemberg, dieß darf constatirt werden, hat man solche Erfahrungen nicht gemacht. Aber auch in England erklärt sich die Erscheinung, daß verhältnißmäßig öfter bei Anklagen auf Mord als bei Anklagen wegen anderer Verbrechen der Proceß mit einer Freisprechung endigt, noch aus andern Ursachen, namentlich aus der ungenügenden Vorbereitung der Anklagen, welcher Uebelstand sich natürlich, wenn es sich um eine so ernste Entscheidung handelt, besonders stark fühlbar macht. *

Auch die Befürchtung eines andern Nachtheils, der unstreitig nicht gering zu achten wäre, die Befürchtung nemlich, daß die Strafart entsittlichend auf das Volk wirke, die Gemüther verwildere, die Rohheit nähre, Blutdurst und Grausamkeit wecke, könnte jedenfalls nur unter der nach der Lage unserer Gesetzgebung nicht zutreffenden Voraussetzung für begründet gehalten werden, daß Hinrichtungen häufig vorkommen und daß dieselben öffentlich stattfinden.

Der bisherigen Ausführung zu Folge muß die Todesstrafe für ein Strafmittel gehalten werden, das eher als die lebenslängliche Zuchthausstrafe die Motive für den Widerstand gegen die verbrecherischen Antriebe zu verstärken und so von der Verübung von Verbrechen zurückzuhalten geeignet ist.

§. 22.

Darf hienach die Annahme als begründet erachtet werden, daß die Todesstrafe die Verbrechensfälle vermindern hilft, so ist dargethan, daß dieselbe einer wesentlichen Anforderung entspricht, welche im Interesse der Erhaltung der Rechtsordnung an die Strafmittel zu machen ist. Wer weiter geht, wer den Nachweis verlangt, daß eine erhebliche (?) Verminderung der mit dem Tod bedrohten Verbrechen durch die Androhung der Todesstrafe bewirkt werde, der setzt sich — wofern die Forderung in der That so gemeint ist, wie die Worte lauten — dem Vorwurf aus, daß er das Leben des Mörders ec. zu hoch anschlage gegenüber von den Leben der Unschuldigen, die durch Androhung der Strafe vor verbrecherischem Angriff bewahrt werden können.

So oft für Beibehaltung der Todesstrafe geltend gemacht wird, daß sie ein Mittel sei, künftigen Verbrechen entgegen zu wirken, läßt sich von

---

* Vgl. Krit. Zeitschr. d. Rechtsw. d. Ausl. Bd. 28, S. 283.

der Gegenseite die Warnung vernehmen: offenbar sei man auf dem besten Weg, in das Abschreckungssystem zurückzufallen, in eine drakonische Gesetzgebung hinein zu gerathen. Vor Letzterem bewahrt jedoch schon die criminalpolitische Erwägung, daß grausame Strafen abstumpfend wirken. Und der ganze Einwurf wäre nur dann stichhaltig, wenn der Rechtsgrund der Strafe und der Maßstab für dieselbe in der Abschreckung und Sicherung gesucht würde. Wenn Letzteres nicht der Fall ist, so ist es nicht bloß erlaubt, sondern entspricht der Aufgabe des Staates und der Strafrechtspflege, daß bei der Auswahl der Strafmittel ihre Wirksamkeit für die Sicherung des Rechtszustands in Betracht gezogen wird. Denn unbestreitbar ist die Erhaltung der Rechtsordnung, die Sicherung des Ganzen, der Schutz der Einzelnen vor Angriffen auf ihre Person und ihr Eigenthum Aufgabe des Staats und ebenso unbestreitbar die Androhung der Strafe und nachherige Zufügung derselben eines — freilich nur eines — der Mittel, deren sich der Staat zu Erfüllung jener Aufgabe bedienen muß.

Es wird aber zugleich oder vielmehr in erster Linie erfordert, daß **die Strafe, welche festgesetzt werden will, im Allgemeinen rechtlich zulässig und die für das in Frage stehende Verbrechen gerechte sei.**

Wie verhält es sich nun hiemit rücksichtlich der Todesstrafe?

2. Gerechtigkeit der Todesstrafe.
§. 23.

Bemerkenswerth ist vor Allem, daß von den Strafrechtstheorien allein die Besserungstheorie, die zur Begründung eines Strafrechts überhaupt unbrauchbar ist, die Todesstrafe nicht zuläßt. Bemerkenswerth ist ferner, daß von den Gegnern der Todesstrafe ein Theil ausdrücklich anerkennt, daß der Staat das Recht, am Leben zu strafen, an sich habe, ein anderer, indem er geltend macht, daß theoretische Bedenken doch nicht gewichtig genug seien, zur Abschaffung der Strafart zu führen, die Frage dahin gestellt sein läßt, ein dritter, obschon er die Todesstrafe als unrechtmäßig verwerfen will, sie doch für gewisse Zustände als zulässig anerkennt.

In der That kann dem Staat das Recht zur Todesstrafe nicht abgesprochen werden.

Ueber die Begründung des Satzes, daß die öffentliche Strafe die vom

Staat ausgehende Wiedervergeltung nach dem Werth und Maß der in dem Verbrechen liegenden Verletzung sei, ist hier um so weniger etwas Weiteres anzuführen, als dieser Satz der herrschenden Ansicht gemäß ist.

Wohl aber ist auf die Einwendungen, welche wider die Rechtfertigung der Todesstrafe aus dem Prinzip der vergeltenden Gerechtigkeit erhoben werden, wenigstens auf die hauptsächlicheren derselben, näher einzugehen.

Es wird von einem Theil der Gegner der Strafart in Zweifel gezogen, ob der Staat überhaupt das Recht haben könne, die Lebensentziehung zu einem Strafmittel zu machen. Allein jener Zweifel hat seine wesentlichste Stütze in der Auffassung, als wenn die Todesstrafe die gänzliche Vernichtung des Verbrechers, nicht bloß die Aufhebung des sinnlichen Lebens bewirken würde, und es erhebt sich sofort die Frage: wenn, was unbestreitbar ist und wozu dem Staat die Berechtigung nicht abgesprochen wird, der Staat auch sonst über das Leben seiner Bürger verfügt und die Aufopferung desselben im Dienst sittlicher Zwecke fordert und erzwingt; warum sollte das Leben heiliger sein, wo es sich um die Verwirklichung der Gerechtigkeit handelt?

Die gewichtigste jener Einwendungen aber dürfte wohl die sein, daß das Uebel, welches durch das Verbrechen angerichtet werde, und nach welchem demnach die Strafe bemessen werden solle, weniger in der dem Privaten zugefügten Verletzung, als in der Verletzung der Rechtsordnung liege, und auch diese Einwendung wird nicht als stichhaltig gelten können, wenn Folgendes erwogen wird: Wie in der Einwendung selbst angedeutet wird, fällt das Verbrechen unter den doppelten Gesichtspunkt, einmal: eine Verletzung des Rechts des unmittelbar Betroffenen (was bei eigentlichen Staatsverbrechen der Staat ist), zweitens: eine Verletzung der öffentlichen Rechtsordnung zu sein. Von diesen beiden Momenten ist das erste das unmittelbar und zunächst da liegende, wie denn auch erst, wenn die Ansicht vom Staat eine höhere Stufe der Entwicklung erreicht hat, die gegen den Einzelnen gerichteten Rechtsverletzungen als Verletzung der allgemeinen Rechtsordnung angesehen werden. Der zweite Gesichtspunkt gelangt dann aber in der Weise zu der ihm gebührenden praktischen Anerkennung, daß die Wiedervergeltung, welche ursprünglich dem Verletzten zusteht, von dem Staat in Ausführung gebracht wird, sowie darin, daß nicht bloß das angerichtete Uebel, der gestiftete Schaden, sondern zugleich der zu Grund liegende verbrecherische Wille zum Maßstab genommen wird. Wenn man nun das Wesen des Verbrechens des Mords ins Auge faßt, so zeigt sich, was für's Erste die äußere Handlung anbelangt, daß er die Aufhebung der Existenz einer andern Person enthält und ebendamit, weil die Person die Trägerin jedes Rechts ist, die Vernichtung alles Rechts; für's Zweite, was die Willensseite betrifft, daß für diesen Erfolg dem Thäter die volle, nicht durch Einflüsse eines Affekts, der die Denk- und Willensthätigkeit beeinträchtigt hätte, geschmälerte Verantwortlichkeit zur Last fällt. Und die hieraus sich ergebende Folgerung ist nicht nur, daß der Mord ein Verbrechen ist, dem nach seiner Schwere kein anderes, jedenfalls kein anderes Privatverbrechen, gleichgestellt werden kann, sondern auch, daß, wenn sowohl die Größe der darin enthaltenen Rechtsstörung, als die Größe der zu Grund liegenden verbrecherischen Schuld in Betracht gezogen wird, eine bloße Freiheitsstrafe nicht dasjenige Strafübel ist, auf welches die Anwendung des Grundsatzes der Vergeltung nach dem Maß der Gleichheit führt.

In Gemäßheit des schon früher gemachten Zugeständnisses aber, daß auf die Bestimmung der Strafen die durch Zeit- und Ortsverhältnisse bedingten Anschauungen und Sitten wesentlich einwirken, ist die Frage: ob die Gesetzgebung, indem sie Todesstrafe statuirt, noch mit dem Volksrechtsbewußtsein übereinstimme?, noch speciell zu erörtern.

Von den Gegnern der Todesstrafe wird auf das Lebhafteste bestritten, daß man sich für die Beibehaltung derselben auf eine **Volksansicht** berufen könne. Was man dafür halte oder ausgebe, das sei, wird behauptet, die Stimme der ungebändigten Leidenschaft, oder der augenblicklichen, durch ein schweres Verbrechen hervorgerufenen Aufregung, Produkt des Irrthums, als wäre die Todesstrafe göttliches Gebot und dergleichen, und, zweifelsohne im Gefühl des Unzureichenden dieser Einwendungen, wird noch das Argument beigefügt, daß die Gesetzgebung in Humanitätsfragen dem Volk vorangehen müsse.

Nun enthält der letztere Satz unstreitig eine Wahrheit, doch findet er seine nothwendige Beschränkung in der Erwägung, daß die Strafgesetzgebung, wenn sie den Boden, aus dem sie ihre Kraft schöpft, nicht verlieren soll, im Zusammenhang mit dem sittlichen Bewußtsein ihrer Zeit sich erhalten muß und daß in einer so ernsten Angelegenheit ein experimentirendes Wechseln in der Gesetzgebung vom Uebel ist. Es muß sobann hier vor Allem daran erinnert werden, daß die Todesstrafe, trotz der Anfechtungen, denen sie seit mehr als einem Jahrhundert ausgesetzt ist, immer noch ihren Platz im Strafensystem in den bei weitem meisten Gesetzgebungen behauptet, und daß hierunter die Gesetzgebungen der gebildetsten Völker und Gesetzgebungen neueren Ursprungs sind. Denn dieser Sachverhalt beweist, wie allgemein verbreitet und tief gewurzelt die Ansicht von der Rechtmäßigkeit und Angemessenheit jener Strafart immer noch ist. Daß die Wissenschaft den Stab über die Todesstrafe gebrochen habe, sollte ohnehin Niemand zu behaupten wagen, Angesichts der Thatsache, daß Männer, die einen hervorragenden Platz in der deutschen gelehrten Welt einnehmen, zu den Vertheidigern der Todesstrafe zählen. Diese Thatsache darf aber auch nicht außer Beachtung bleiben, wenn davon die Rede ist, ob die Strafe mit der Rechtsüberzeugung des Volks harmonire. Für die gesetzgebende Gewalt ist es allerdings noch viel wichtiger, die Meinung, welche in dem eigentlichen lebenskräftigen Kerne des Volks besteht, zu erfassen, und gerade dieses hat seine Schwierigkeiten. In der Natur der Dinge liegt es, daß diejenigen, welche eine Aenderung der Gesetzgebung erstreben, sich vernehmbarer machen, als diejenigen, welche für das Bestehende sind, zumal wenn es sich um eine Aenderung handelt, die als eine Forderung der Menschlichkeit und des Liberalismus hingestellt wird. Doch hatte man bis jetzt, wenn man nach der Ansicht des Volkes forschte, allen Grund zur Annahme, daß die öffentliche Meinung und zwar auch im gebildeteren Theil des Volks der Todesstrafe — mindestens in der Anwendung auf das schwerste Privatverbrechen — keineswegs widerstrebe. Die Idee der Wiedervergeltung, nach welcher dem Mörder, wenn er mit dem Tode bestraft wird, hiemit sein Recht geschieht, die Vorstellung, daß bei gewissen besonders schweren Verbrechen nur durch die Todesstrafe die verbrecherische Schuld gesühnt und die Wiederherstellung der gestörten Rechtsordnung bewirkt werde, stehen auch ganz im Einklang mit der Weise des Volks zu denken und zu fühlen. — Zur Unterstützung der gegentheiligen Behauptung werden mitunter ganz nichtssagende Gründe angeführt: daß der „traditionelle tiefe Abscheu des Volks gegen die Person des Henkers" lediglich nichts dafür beweist, folgt schon daraus, daß jener „Abscheu" jedenfalls eine Ueberlieferung aus einer Zeit wäre, in der die Volksansicht ganz unzweifelhaft für die Todesstrafe war. Wenn aber außerdem noch auf die „Scheu der Geschworenen, wenn sie sich innerlich sammeln, um in einer Kapitalsache einen Wahrspruch zu thun" hingewiesen wird, so liegt die Erwiederung nahe: daß die Geschworenen, welche berufen sind, über einen eines todeswürdigen Verbrechens Angeklagten den Wahrspruch abzugeben, von dem Ernst der ihnen gestellten Aufgabe und von der Schuld, die sie durch einen unbedachten Spruch auf ihr Gewissen laden würden, tief ergriffen sind, ist nicht nur ganz erklärlich, sondern sogar im höchsten Grad wünschenswerth, dagegen nicht einzusehen, wie daraus hervorgehen soll, daß „die wahre, beachtenswerthe Volksstimme" gegen die Todesstrafe sei.

3. Gang der Entwicklung der Frage speciell in Württemberg.

§. 24.

Nachdem eilf Jahre zuvor das Strafgesetzbuch, welches die Todesstrafe für eine größere Anzahl von Verbrechen androhte, verabschiedet worden war,* erfolgte im Jahr 1849 die Abschaffung der Todesstrafe. Sie wurde so entschieden als die durch die Rechtsnothwendigkeit gebotene Ausführung einer reichsgesetzlichen Bestimmung angesehen, daß damals gar nicht die Rede davon wurde, ob die Maßregel mit den Anschauungen des württembergischen Volkes, in denen dann freilich seit der Berathung des Strafgesetzbuches eine große Aenderung vor sich gegangen gewesen sein müßte, im Einklang stehe. Die Wiederherstellung der Todesstrafe aber (in der Beschränkung auf die drei Verbrechensfälle) im Jahr 1853 hatte unzweifelhaft die Zustimmung der Mehrheit des Volkes für sich. Zunächst gab die Ueberhandnahme der Verbrechen die Veranlassung dazu, und es unterliegt keinem Zweifel, daß da und dort bei Beurtheilung der Frage, inwiefern die Ueberhandnahme der Verbrechen mit der Abschaffung der Todesstrafe im Zusammenhang stehe und welcher Nutzen sich von ihr für die Sicherung des Rechtszustands zu versprechen sei, eine Ueberschätzung der Wirksamkeit der Todesstrafe für den Sicherungszweck im Spiele war. Allein die Anschauung, daß seit Beseitigung der Todesstrafe die Strafgesetzgebung keinen genügenden Schutz mehr gewähre, war unbestreitbar im Volk verbreitet, und daß auf die im Jahr 1849 eingetretene Milderung der Strafgesetzgebung eine beunruhigende Zunahme der Verbrechen gefolgt war, ist gewiß. Man darf aber weiter behaupten, daß jenes Gefühl der unzureichenden Sicherung nicht

---

* Die Beibehaltung der Todesstrafe war 1824 in der K. der Abg. mit allen Stimmen gegen eine einzige; 1838 in der K. der Abg. mit 53 gegen 25 Stimmen, in der K. der Standesh. einmüthig bejaht worden.

so, wie dies der Fall war, hätte sich im Volke festsetzen und in dem Verlangen nach der Wiederherstellung der Todesstrafe Ausdruck verschaffen können, hätte nicht die Strafgesetzgebung in ihrem damaligen Stand den wesentlichen Mangel gehabt, daß durch die Bestrafung, welche für den Mord (denn um dieses Verbrechen handelte es sich überall zunächst) seit der Aufhebung der Todesstrafe eintrat, das Rechtsgefühl des Volks nicht befriedigt wurde. Die Todesstrafe wurde von der gesetzgebenden Gewalt wieder eingeführt,* weil sie als unentbehrlich für die Sicherung und Erhaltung der Rechtsordnung und zugleich als die der Größe gewisser Verbrechen, insbesondere des Mords, allein entsprechende (gerechte) Strafe betrachtet wurde. Der Widerstand gegen die Wiedereinführung beruhte auch bei einem ansehnlichen Theil der Gegner ausschließlich oder doch wesentlich darauf, daß wegen der Kürze des Zeitraums, der seit der Abschaffung der Todesstrafe verflossen, von einem durch die Erfahrung für die Unentbehrlichkeit der Strafart gelieferten Beweise noch nicht gesprochen werden könne.

Nunmehr, da es sich von der Wiederaufhebung der gesetzlich bestehenden handelt, ist natürlich der Standpunkt, den man gegenüber von dem Gegenstand einzunehmen hat, wieder ein wesentlich anderer. Nun handelt es sich darum: wie haben sich die Zustände und Anschauungen bis zum gegenwärtigen Augenblick gestaltet?

Die Zahl der Verbrechen gegen das Leben Anderer hat die Höhe, zu welcher sie in den Jahren 1851—53 aufgestiegen war, seitdem nie wieder erreicht. Doch kam eine größere Zahl von Mordfällen und von vollbrachten Morden vor, bei denen die Todesstrafe als die der Schwere der Verschuldung allein entsprechende Strafe betrachtet werden mußte und daher zur Vollstreckung gebracht wurde (vergl. oben S. 35). Daß im Ganzen die ächte Bildung, Gesittung, Achtung der Heiligkeit des Menschenlebens im Volk erheblichen Fortschritt gemacht hätte, läßt sich sicherlich nicht behaupten. Aber bisher lagen auch keine erheblichen Gründe für die Annahme vor, daß im Volk die Ansicht, die Todesstrafe sei zulässig und unentbehrlich, in die gegentheilige umgeschlagen wäre. Die Abstimmung der Abgeordnetenkammer ist das erste Anzeichen von Bedeutung hiefür. Die Bedeutung desselben darf nicht unterschätzt werden. Allein so wenig die

---

* Die Kammer der Abgeordneten erklärte sich mit 47 gegen 34 Stimmen, die Kammer der Standesherren einstimmig für die Wiedereinführung.

Staatsregierung gemeint sein kann, eine Strafart, von der es gewiß ist, daß sie im Rechtsbewußtsein und in den sittlichen Anschauungen des Volks keinen Halt mehr hat, gleichwohl aufrecht erhalten zu wollen, so sicher darf sie eine so wichtige Aenderung in der Gesetzgebung, wie die völlige Beseitigung der Todesstrafe wäre, früher nicht herbeiführen, als wenn hinreichender Grund für die Annahme vorliegt, daß die Strafart wirklich sich überlebt hat, daß sie beseitigt werden kann, ohne daß im Volk die Ansicht entsteht, die Strafgesetzgebung habe in ihrem Ernst gegenüber von den schwersten Verbrechen nachgelassen oder dieselbe tarire das Leben des Mörders höher als das des friedlichen Bürgers, und ohne daß in Aussicht genommen werden muß, vielleicht schon in wenigen Jahren könnte, weil man diese Garantie für den Rechtszustand nicht entbehren zu können glaubte, die Wiederherstellung der Strafe für nöthig erachtet werden. So wie die Sache liegt, sind diese Voraussetzungen für die Abschaffung der Todesstrafe nicht als erfüllt zu betrachten.

Indessen erübrigt noch zwei Eigenschaften der Todesstrafe zu würdigen, die für die Bekämpfung derselben unleugbar eine Handhabe darbieten, nemlich: daß sie nicht ersetzbar; daß sie nicht theilbar ist.

5. Unwiderruflichkeit und Untheilbarkeit der Todesstrafe.

§. 25.

Das Wesen der Todesstrafe bringt es mit sich, daß, nachdem die Strafe vollzogen ist, ein Irrthum des Richters nicht wieder gut gemacht werden kann.

Es wäre Vermessenheit, wollte die Möglichkeit einer grundlosen Verurtheilung — selbst zur Todesstrafe — schlechthin bestritten werden. Auch die Criminaljustiz muß das „Irren ist menschlich" gegen sich gelten lassen; es sind ja Menschen, welche richten, und als Erkenntnißquellen für die gesuchte Wahrheit dienen ihnen — Zeugniß und Gutachten von Menschen. Allein die Gefahr, welche in Folge davon die Todesstrafe in sich birgt, wird von den Gegnern der Strafart übertrieben. Zur Kennzeichnung der Gefahr werden hauptsächlich im Ausland vorgekommene Fälle unrichtiger oder zweifelhaft richtiger Verurtheilungen verwendet; namentlich werden dem englischen Rechtsleben entnommene Beispiele benützt, bezüglich deren schon aus den Verhältnissen des Falls, wie sie erzählt werden, ganz klar sich ergibt, daß das Uebel in der dürftigen, hinter dem Stande der deutschen Criminalrechtswissenschaft weit zurückgebliebenen Entwicklung des englischen Strafrechts in Verbindung mit den Mängeln des englischen Criminalprocesses, namentlich darin, daß er dem Angeklagten nicht genügenden Schutz gewährt, seinen Grund hatte.*

Sodann muß die Frage entstehen: ob nicht die Garantien, welche unser Verfahren gegen ungerechte Verurtheilungen bietet, noch verstärkt oder vermehrt werden könnten? Indessen dürfte sich, was dieß angeht, fürs Erste nicht empfehlen, vorzuschreiben, daß ausnahmsweise bei den Wahrsprüchen, die ein Todesurtheil zu Folge haben sollen, die Geschworenen einstimmig sein müssen, — denn die Bedenken, welche der Aufstellung des Erfordernisses der Einstimmigkeit der Geschworenen im Allgemeinen entgegenstehen, müssen noch vielmehr davon abhalten, die Einstimmigkeit ausnahmsweise bei Wahrsprüchen, auf die ein Todesurtheil gebaut werden soll, zu verlangen. Ebensowenig kann fürs Zweite der Anforderung, daß bei Todesurtheilen die Prüfung der Thatfrage in höherer Instanz gestattet oder sogar für nothwendig erklärt werde, entsprochen werden, und zwar darum nicht, weil diese Einrichtung mit dem Princip der Mündlichkeit des Verfahrens, also einem Grundprincip des modernen Processes, entschieden unverträglich ist. Drittens könnte es sich fragen, ob nicht bei Todesurtheilen dem Cassationshof die Verpflichtung aufzuerlegen sei, von Amts wegen, auch wenn die Nichtigkeitsbeschwerde nicht erhoben worden ist, zu prüfen, ob nicht eine die Verurtheilten wesentlich beschwerende Formverletzung oder irrige Gesetzesanwendung vorliege; allein eine solche Bestimmung, die eine Abweichung von einem andern wesentlichen Grundsatz des Processes in sich schlöße, dürfte durch das Interesse des Angeklagten nicht geboten sein, indem von dem demselben stets zur Seite stehenden Vertheidiger sicherlich, wo sich irgend ein Anhaltspunkt dafür bietet, die Nichtigkeitsbeschwerde eingewendet werden wird, auch kommt zu erwägen, daß, wer nicht der Verhandlung vor dem Schwurgerichtshof angewohnt hat, kaum jemals aus den Akten herauszufinden im Stande sein wird, ob eine Gesetzwidrigkeit und zwar eine solche, die dem Angeklagten zum Nachtheil gereichte, begangen worden sei. Dagegen ist in dem Entwurf der Strafprozeßord-

---

* s. übrigens gegen jene Behauptungen auch in Betreff Englands: Krit. Zeitschr. f. Rechtsw. b. Ausl. Bd. 28, S. 293.

nung für alle Schwurgerichtssachen eine wichtige Abänderung des bestehenden Rechts zu Gunsten des Angeklagten insofern proponirt, als künftig der Gerichtshof, nachdem der Angeklagte von den Geschworenen für schuldig erklärt worden, die Sache zur nochmaligen Verhandlung an ein neues Schwurgericht schon dann zu verweisen haben soll, wenn auch nur die Mehrzahl der Richter überzeugt ist, daß sich die Geschworenen in der Schuldigerklärung völlig oder doch bezüglich auf die Strafgröße erheblichen Einfluß äußernder Punkte geirrt haben. Wenn man dann in Betracht zieht, daß die ganze Anlage des Processes auf die Herstellung der materiellen Wahrheit abzielt und daß alle bei der Handhabung desselben Betheiligten, wie man wohl behaupten darf, von entsprechendem Geiste beseelt sind, so erscheint die oben zugegebene Möglichkeit einer ungerechtfertigten Verurtheilung als eine so ganz von aller Wahrscheinlichkeit entblöste, daß sie nicht als ein Grund betrachtet werden kann, die Todesstrafe zu beseitigen.

Darauf, daß thatsächlich die Institution des Begnadigungsrechts ebenfalls als ein Schutzmittel gegen die in Frage stehende Gefahr wirken würde, soll hier nicht einmal Gewicht gelegt werden.

§. 26.

Die Strafe ist nicht theilbar. Gleichwie das Strafgesetzbuch die Todesstrafe in allen Fällen, in welchen es von derselben Gebrauch machte, absolut als Strafe bestimmt hatte, so ist auch in dem Gesetz vom 17. Juni 1853 für diejenigen Verbrechen, für die sie wieder eingeführt wurde, die Todesstrafe absolut angedroht. Die Folge ist, daß, wofern nicht einer der im Strafgesetzbuch speciell benannten Strafmilderungsgründe zutrifft, die Schuldunterschiede, welche sich aus der individuellen Gestaltung der einzelnen Fälle ergeben, von dem Gericht unberücksichtigt gelassen werden müssen. In solcher Weise schließt der Gesetzgeber das richterliche Ermessen aus, wenn er von der Anschauung ausgehen zu dürfen glaubt, sobald die Summe der Merkmale, welche den Thatbestand des in Frage stehenden Verbrechens ausmachen, als vorhanden nachgewiesen sei, liege eine so schwere verbrecherische Schuld vor, daß irgend ein weiteres sie modificirendes Moment nicht in Betracht komme und schon bei dem niedersten Grad der Strafbarkeit die angedrohte Strafe verdient sei. Für die Fälle, wo durch Thatsachen, die sich von dem Gesetzgeber nicht vorhersehen lassen, die Schuld unter das vom Gesetz vorausgesetzte Maß herabsinkt, wird die Ausgleichung der Differenz bei der Institution des Begnadigungsrechts gesucht.

Wenn nun aber Milderungen der absolut angedrohten Strafe im Weg der Begnadigung häufig vorkommen, so reicht die Erklärung nicht aus, daß sie durch Erwägungsgründe, die sich ihrer Natur nach überhaupt nicht vor das Forum des Richters eignen oder durch schuldmobificirende Momente, die ungewöhnlicher Art, veranlaßt worden sein werden. Vielmehr wird man auf die Annahme hingeführt, daß das Gesetz, was die Feststellung des Maßes der Schuld und Strafe betrifft, der Forderung der Gerechtigkeit nicht entspreche, welche will, daß schon von dem Richter wenigstens in der Regel die Strafe entsprechend der individuellen Schuld bestimmt werden könne; auf die Annahme, daß dem Begnadigungsrecht die Rolle zugefallen sei, regelmäßig die Heilung eines sei es schon ursprünglich fehlerhaften oder veralteten Gesetzes zu übernehmen. Dieß ist eine Rolle, welche, an sich schon abnorm, jetzt auch noch das Bedenken gegen sich hat, daß, seit der Proceß auf das Princip der Mündlichkeit gebaut ist, die Akten das vollständige Material für die Beurtheilung der That und des Thäters nicht mehr wie früher enthalten. Und dann kommt zu erwägen, daß durch eine verhältnißmäßig häufige Anwendung des Begnadigungsrechts das Ansehen des Gesetzes nothleidet und die abschreckende Kraft der gesetzlichen Drohung abgeschwächt wird.

Es ist selbstverständlich, daß auch die Verbrechen, auf welche in Württemberg die Drohung der Todesstrafe beschränkt ist, den Mord nicht ausgenommen, in einer großen Mannigfaltigkeit die Schuld mobificirender Umstände zur Erscheinung kommen können. Was den Mord betrifft, so geht aus dem früher diesfalls Angeführten hervor, daß nach der über seine Strafwürdigkeit dermalen, auch bei der Gewalt, in deren Händen das Begnadigungsrecht liegt, bestehenden Ansicht die Todesstrafe nicht in allen Fällen als die nothwendige Strafe desselben gilt. Vielmehr ist die Zahl der Strafverwandlungen im Wege der Gnade immerhin so groß, daß es als ein Fortschritt in der Gesetzgebung betrachtet werden dürfte, wenn durch eine Aenderung des Gesetzes, die nicht in anderer Richtung zu Ausstellungen Anlaß gäbe, bewirkt werden könnte, daß die Zahl der Fälle, in welchen gerichtlich auf die Todesstrafe erkannt wird, vermindert und hiedurch zugleich auf dem Weg nach dem Ziel der völligen Abschaffung der Todesstrafe ein weiterer Schritt gethan würde.

Die verschiedenen Wege, die zur Erreichung dieses Resultats eingeschlagen werden können, sind der Reihe nach zu erörtern.

Abschnitt IV.

Modalitäten einer auf weitere Beschränkung der Anwendung der Todesstrafe abzielenden Abänderung der bestehenden Gesetzgebung.

1. Das System der mildernden Umstände.

§. 27.

In Frankreich war die Härte des Criminalgesetzbuchs, welche hauptsächlich darin bestand, daß von den absolut bestimmten Androhungen der Todesstrafe und der lebenswierigen Freiheitsstrafe ein verschwenderischer Gebrauch gemacht ist und bei den relativ bestimmten Strafdrohungen die Minima sehr hoch gegriffen sind, mehr und mehr zur Erkenntniß gekommen. Sie hatte nicht selten unbegründete Freisprechungen zur Folge gehabt, indem die Geschworenen, wenn sie die Strafe für den concreten Fall ungerecht hart fanden, häufig lieber ein Nicht-Schuldig aussprachen, als daß sie den Angeklagten der zu strengen Bestrafung preisgegeben hätten. Zuerst wurde nun durch ein Gesetz vom 25. Juni 1824 bei einigen besonders benannten Verbrechen (worunter der Kindsmord, bei dem grundlose Freisprechungen namentlich oft vorgekommen waren), dem Schwurgerichtshof zum Zweck des Erkennens einer geringeren als der allgemeinen gesetzlichen Strafe das Vorhandensein mildernder Umstände auszusprechen gestattet. Im Jahr 1832 aber (s. oben S. 17) wurde dieses System auf alle im code verpönten Handlungen und zwar in der Weise ausgedehnt, daß bei den crimes die Geschworenen über das Vorhandensein mildernder Umstände sich auszusprechen haben, und im Fall sie das Vorhandensein erklären der Gerichtshof zur Anwendung einer gemilderten Strafe genöthigt ist.

Das System fand nicht nur in italienischen Gesetzbüchern, sondern auch in dem preußischen (und dem ihm nachgebildeten oldenburgischen) Gesetzbuch Eingang; in den deutschen Gesetzbüchern übrigens in etwas modificirter Gestalt: das jugendliche Alter ist als ein allgemein zu berücksichtigender Milderungsgrund namentlich bezeichnet, sodann aber ist — nicht in Beziehung auf jedes Verbrechen oder Vergehen, sondern nur in Beziehung auf diejenigen Verbrechen oder Vergehen, bei welchen ausdrücklich im Strafgesetzbuch selbst oder in späteren Gesetzen die Annahme und Berücksichtigung mildernder Umstände zugelassen ist, dem Richter der Thatfrage die Ermächtigung ertheilt, das Vorhandensein mildernder Umstände zu Gunsten des für schuldig Erklärten festzustellen, und wenn in einem concreten Fall mildernde Umstände festgestellt werden, so hat dieß die Wirkung, daß nicht die ordentliche Strafe zur Anwendung kommt, sondern die gemilderte Strafe, welche bei jedem der betreffenden Verbrechen und Vergehen für den Fall, daß mildernde Umstände festgestellt werden, besonders vorgesehen ist, vergl. Einführungsgesetz zum Strafgesetzbuch Art. XXIV. Ein bestimmtes Princip, das für die Auswahl der strafbaren Handlungen, bei welchen die Berücksichtigung mildernder Umstände zugelassen ist, leitend gewesen wäre, läßt sich nicht erkennen. Der Mord ist nicht unter denselben, wohl aber die thätliche Majestätsbeleidigung, also ein Verbrechen, dessen ordentliche Strafe nach dem preußischen Gesetzbuch die Todesstrafe ist. Außerdem ist im Allgemeinen beim Versuch und bei der Theilnahme die Berücksichtigung mildernder Umstände gestattet.

Nach beiderlei Systemen aber, nach dem französischen wie nach dem preußischen, ist es in das freie Ermessen des Gerichts und in Strafsachen, welche zur Competenz der Schwurgerichtshöfe gehören, in das freie Ermessen der Geschworenen gestellt, ob in dem grade zur Aburtheilung vorliegenden Falle ein Heruntergehen unter die ordentliche Strafe begründet sei.

§. 28.

Zur Empfehlung des Systems wird geltend gemacht:

Die gesetzliche Aufzählung ausschließlich geltender Milderungsgründe vermöge den Forderungen des Lebens nicht zu entsprechen; immer werden zahlreiche einzelne Fälle vorkommen, die durch das Zusammentreffen von Thatsachen, welche sich vom Gesetzgeber nicht vorhersehen lassen, einen außerordentlichen Charakter annehmen; nur durch das gedachte System werde allen Momenten, welche für das Maß der Schuld und Strafbarkeit von Einfluß sein können, der entsprechende Einfluß gesichert, die freie menschliche Abschätzung des Verbrechens ermöglicht; es werde zugleich verhütet, daß nicht die Geschworenen, um die Anwendung der nach ihrer Ueberzeugung ungerechtfertigten Todesstrafe auszuschließen, eine nach dem Stand des Beweises unbegründete Freisprechung eintreten lassen; es diene das System endlich dazu, daß die Todesstrafe nur da zur Anwendung komme, wo nach der im Volk über die Strafwürdigkeit eines einzelnen Falls bestehenden Ansicht die höchste Strafe verdient sei.

Es wird sich jedoch zeigen, daß das System der mildernden Umstände die gewichtigsten Bedenken gegen sich hat, wenn man näher prüft, in welche Stellung durch dasselbe die Geschworenen gegenüber von der gesetzgebenden Gewalt, gegenüber von den rechtsgelehrten Richtern, gegenüber von der Begnadigungsthätigkeit kommen.

§. 29.

Bei der Festsetzung der Strafen für die einzelnen Verbrechensarten geht der Gesetzgeber von bestimmten Vorstellungen hinsichtlich des Maßes der Schuld aus, das, wenn der Thatbestand des Verbrechens vorliege, vorhanden sei, und danach bestimmt er die Strafen. Begriffsmäßig ist der Richter nur Organ des Gesetzes, er hat das Strafgesetz auf die concrete Handlung anzuwenden. Diese Stellung wird verrückt, wenn dem Richter — sei es den Geschworenen, sei es den rechtsgelehrten Richtern — ein nicht an bestimmte Gründe gebundenes Milderungsrecht eingeräumt wird. Durch diese Einräumung wird dem Richteramt die Funktion zugetheilt, die gesetzgebende Thätigkeit zu corrigiren oder wenigstens zu ergänzen. Denn durch das fragliche System sind die der richterlichen Thätigkeit bezüglich der Bestimmung der Strafe vom Gesetz gesetzten Schranken wieder aufgehoben. Sie brauchen ja nicht beachtet zu werden, sobald dem Gericht, beziehungsweise den Geschworenen die concrete Verschuldung geringer erscheint, als nach der Unterstellung des Gerichts oder der Geschworenen der Gesetzgeber die Verschuldung in dem gelindesten Fall, den er bei der Bestimmung des Strafmaßes noch im Auge gehabt, sich gedacht hat, und dafür, wie der Gesetzgeber diesen gelindesten Fall und die Verschuldung in demselben sich gedacht, entbehren Richter und Geschworenen eines Anhaltspunkts in einem Ausspruch des Gesetzgebers. Ebendarum ist eigentlich in jedem einzelnen Falle die Gültigkeit des Gesetzes von der subjektiven Auffassung derjenigen, welche über das Vorhandensein mildernder Umstände zu erkennen haben, abhängig gemacht, die Rechtsprechung subjektiver Willkür preisgegeben.

Dann aber, wenn den Geschworenen das Milderungsrecht eingeräumt ist, ist die Gefahr, daß die Entscheidung im Widerspruch mit dem

Willen des Geſetzes ausfalle, noch größer, weil die Beurtheilung, von welchen rechtlichen und ſittlichen Anſchauungen ſich der Geſetzgeber bei Feſtſetzung der Strafe habe beſtimmen laſſen, juriſtiſch-wiſſenſchaftliche Bildung und Erfahrung erfordert. Es iſt ferner wohl zu beachten, daß nicht einmal dafür eine Garantie vorhanden iſt, ob die Geſchworenen wirklich durch die Abwägung der Thatſachen des concreten Falls bei ihrem Ausſpruch ſich haben beſtimmen laſſen; ihnen etwa die Namhaftmachung der Thatſachen, welche ſie bei ihrer Erklärung, daß mildernde Umſtände vorhanden ſeien, im Auge hatten, aufzuerlegen, geht nicht an; es würde hiemit von dem Grundſatz, daß die Geſchworenen ihren Wahrſpruch zu motiviren nicht verpflichtet ſeien, eine Ausnahme gemacht, die um ſo weniger zu billigen wäre, weil die Annahme mildernder Umſtände nicht immer auf Einen beſtimmten Grund zurückzuführen iſt, ſondern auf einer dem individuellen Fall angehörenden Combination von thatſächlichen Momenten beruhen und von einem Theil der Geſchworenen auf dieſes, von einem andern Theil auf ein anderes Moment das größere Gewicht gelegt worden ſein kann. Wie leicht kann es ſich alſo auch anderwärts als in Frankreich, wo man von Anfang an hierauf geradezu rechnete, ereignen, daß die Geſchworenen zu dem Ausſpruch, es ſeien mildernde Umſtände zu Gunſten des Angeklagten vorhanden, nicht durch die Anſchauung der Individualität des einzelnen Falls und weil ihnen dieſer zu Folge das Geſetz für den Angeklagten zu hart erſcheint, ſondern dadurch kommen, daß ſie das Geſetz im Allgemeinen zu ſtreng finden, — bei todeswürdigen Verbrechen dadurch, daß ſie gegen die Todesſtrafe im Allgemeinen ſind. Hierin läge aber eine offenbare Ueberhebung über das Geſetz. Auch die Befürchtung liegt nahe, daß die Geſchworenen die Inſtitution der mildernden Umſtände ſo auffaſſen möchten, als wäre ſie geradezu da, Gefühlsrückſichten — im Gegenſatz zu Abwägungen des Verſtandes, wie ſie ſonſt richterliche Obliegenheit ſind, Geltung zu verſchaffen, und dieſe Befürchtung iſt um ſo begründeter, wenn nur für die mit der Todesſtrafe bedrohten Verbrechen die Inſtitution eingeführt würde.

Wird hienach durch die Statuirung eines allgemeinen Milderungsrechts die Stellung des Gerichts zu der geſetzgebenden Gewalt verrückt, ſo wird nicht minder das Verhältniß der Geſchworenen zu den rechtsgelehrten Richtern verſchoben. Wo das Geſetz die Umſtände, durch die ein Heruntergehen unter die ordentliche Strafe gerechtfertigt ſein ſoll, nicht firirt, da unterscheiden sich die Umstände, welche diese Wirkung hervorbringen können, nicht von den bloß strafmindernden Momenten. Die Frage, ob eine Strafmilderung begründet sei, läßt sich da gar nicht anders beantworten, als indem die Frage geprüft wird, ob das von dem Gesetzgeber bei der Normirung der ordentlichen Strafe vorausgesetzte Maß der Schuld und Strafbarkeit und welcher Grad der Strafbarkeit innerhalb dieses Maßes noch vorhanden sei. Es haben also, wo das System der mildernden Umstände in der Weise gilt, daß die Geschworenen über das Vorhandensein der letzteren zu erkennen haben, in jedem Falle sowohl die Geschworenen als die rechtsgelehrten Richter der Abwägung der für die Beurtheilung der Strafbarkeit erheblichen Momente sich zu unterziehen; — eine Einrichtung, die zu Inconvenienzen und Verwickelungen führen muß.

Da ferner die eigentliche Aufgabe des Begnadigungsrechts darin besteht, wo in Folge der außerordentlichen Gestaltung eines Falls die gesetzliche Strafe zu hart gegenüber von der vorliegenden Verschuldung erscheint, Abhilfe zu gewähren, und da Erwägungen, die lediglich moralischer Natur sind, die mit dem abzuurtheilenden Verbrechen nicht im Zusammenhang stehen u. dgl., ohnehin nicht zur Competenz des Gerichts gehören, während die Geschworenen der Versuchung, ihnen einen maßgebenden Einfluß auf ihren Ausspruch zu gestatten, nicht leicht widerstehen werden, so kommt das System der mildernden Umstände auch mit dem Begnadigungsrecht in Collision. Die Entscheidung der in die Sphäre des Begnadigungsrechts gehörigen Fragen dürfte aber doch wohl richtiger bei dem durch das Gutachten des Schwurgerichtshofs, etwa auch noch durch eine Aeußerung der Geschworenen über den Eindruck, den Hof und Geschworene bezüglich der Begnadigungswürdigkeit des Verurtheilten empfangen, unterrichteten, von seinem Justizminister, der dabei nicht bloß den einzelnen Fall ins Auge fassen, sondern von allgemeinen Erwägungen ausgehen wird, berathenen Staatsoberhaupt, als bei der Jury erfolgen.

Endlich liegt es auf der Hand, daß das System im einzelnen Fall sogar zum Nachtheil des Angeklagten ausschlagen kann. Denn es kann nicht bestritten werden, zumal da die Erfahrung in Frankreich derartige Vorgänge aufweist, daß in Fällen, wo der Beweis der Schuld zweifelhaft ist und darum die Geschworenen die Verantwortung einer Schuldigerklärung, die ein Tod:surtheil nach sich ziehen würde, auf ihr Gewissen zu nehmen sich scheuen würden, dieselben zur Schuldigerklärung sich weit eher verstehen können, wenn es in ihre Macht gegeben ist, durch den Beisatz, es seien mildernde Umstände zu Gunsten des Angeklagten vorhanden, die Erkennung der Todesstrafe auszuschließen, während andererseits in Frankreich die Klage über ungerechtfertigte Freisprechungen durch die Jury fortdauerte, die zu verhüten mit Statuirung des Milderungsrechts derselben hauptsächlich bezweckt gewesen war.*

2. Einräumung eines nicht an gesetzlich fixirte Gründe gebundenen Milderungsrechts an den Schwurgerichtshof. — Ersetzung der absoluten Strafdrohung durch alternative Androhung von Todes- und Freiheitsstrafe.

§. 30.

Einige von den Bedenken und zwar nicht von den ungewichtigsten, welche gegen das französisch-preußische System der mildernden Umstände geltend gemacht worden sind, fallen hinweg, wenn dem Schwurgerichtshof — den rechtsgelehrten Richtern — das Recht eingeräumt wird, darüber, ob im einzelnen zur Aburtheilung vorliegenden Falle mildernde Umstände zu Gunsten des Angeklagten vorhanden seien, zu urtheilen, und dann, wenn nach ihrem (nicht der Geschworenen) Urtheil mildernde Umstände vorliegen, von der ordentlichen auf eine mildere Strafe herabzusteigen, oder wenn — an die Stelle der absoluten Androhung der Todesstrafe eine alternative: Todes- oder lebenslängliche Zuchthausstrafe — gesetzt würde (vgl. den belgischen Entwurf, oben S. 21, und Schweden S. 29).

Eine derartige Disposition des Gesetzes hätte vor dem gedachten System namentlich voraus: daß nicht die Eine Funktion der Abwägung der das Maß der Schuld und Strafbarkeit bestimmenden Momente vertheilt wäre zwischen den Geschworenen und den rechtsgelehrten Richtern, sondern ausschließlich den Letzteren zustünde, und nur die daraus fließende Machtbefugniß gegenüber von dem bestehenden Recht eine erweiterte wäre; daß ferner von ihnen eher als von den Geschworenen erwartet werden könnte, sie würden in Ausübung der Funktion dem Sinn und Geist der Strafgesetzgebung gemäß handeln.

Unbestreitbar jedoch hat auch diese Einrichtung ihre Schattenseiten.

---
* Rintel, von der Jury, S. 275 fg.
Mittermaier, Strafgesetzgeb. in ihrer Fortbildung, erster Beitrag, S. 111. 263.

Vornweg wäre sie nicht geeignet, die Schwierigkeiten zu beseitigen, welche bei Geschworenen, die aus Widerwillen gegen die Strafart der Erkennung der Todesstrafe widerstreben, bezüglich der Schuldigerklärung befürchtet werden. In dem Zeitpunkt, wo die Geschworenen sich hierüber schlüssig machen müssen, wüßten sie ja noch nicht, ob die rechtsgelehrten Richter die volle Strenge des Gesetzes anwenden oder einer mildern Ansicht Folge geben werden. Ferner und was wichtiger ist: auch gegen die Einrichtung, wodurch den rechtsgelehrten Richtern ein nicht an bestimmte Gründe gebundenes Strafmilderungsrecht eingeräumt würde, ist der aus der normalen Stellung des Richteramts zu der gesetzgebenden Gewalt abgeleitete Einwand (s. unter IV.) zu richten. Gegen die eine wie gegen die andere der gedachten Modalitäten aber, wodurch dem Ermessen des Schwurgerichtshofs Spielraum bezüglich der Anwendung der Todesstrafe im einzelnen Fall gewährt würde, läßt sich geltend machen, daß, indem so dem Gericht anheimgegeben wäre, lediglich nach seiner Abschätzung der Eigenthümlichkeiten des einzelnen Falls zwischen der Todesstrafe und einer bloßen, wenn auch lebenslänglichen, Freiheitsstrafe zu wählen, dem richterlichen Ermessen eine weiter gehende Gewalt eingeräumt sein würde, als man bisher dem Richteramt zu verleihen für zulässig erachtete, und daß dem Gericht eine Verantwortlichkeit aufgelaben wäre, an der es allzu schwer tragen würde. Dabei ist namentlich in Betracht zu ziehen, daß das Gesetz von einer größeren Anzahl und zwar aus stets wechselnden Mitgliedern zusammengesetzter Gerichte anzuwenden wäre und darum eine Ungleichförmigkeit in der Rechtsprechung gerade in den schwersten Straffällen die unausbleibliche Folge sein würde, unter welcher das Ansehen der Justiz nothleiden müßte. Verglichen mit einem derartigen Zustand der Dinge verdiente unstreitig der gegenwärtige den Vorzug, denn jetzt kann die Centralgewalt, in deren Händen das Begnadigungsrecht liegt, darauf halten, daß in allen denjenigen Fällen, in welchen nach dem bestehenden Gesetz von dem Gericht die Todesstrafe auszusprechen ist, die Entscheidung darüber, ob dieselbe vollzogen werde oder nicht, nach gewissen Grundsätzen erfolgt, die eine gleichförmige Behandlung sich gleichstehender Fälle bewirken.

3. Aufstellung von Abstufungen innerhalb des Verbrechens des Mords.

§. 31.

Die so eben erörterten Bedenken fordern zur Untersuchung auf, ob nicht schon gesetzlich die Drohung der Todesstrafe auf eine noch geringere Zahl von Fällen zu beschränken sei, ob also nicht zunächst innerhalb des Verbrechens des Mords Abstufungen der Strafbarkeit in der Weise gemacht werden können und sollen, daß entweder nur noch die durch das Vorhandensein gewisser gesetzlich zu firirender Merkmale ausgezeichneten Morde mit der Todesstrafe bedroht oder umgekehrt die durch bestimmte Merkmale als minder strafbar charakterisirten Fälle des Mords künftig von der Todesstrafe ausgenommen wären.

§. 32.

Nach dem bestehenden Gesetz fällt die Grenzlinie zwischen den mit der Todesstrafe bedrohten und den nicht mit der Todesstrafe bedrohten dolosen Tödtungen zusammen mit der Unterscheidung von Mord und Todtschlag.

Letztere Unterscheidung darf im Allgemeinen als geeignet betrachtet werden, zugleich als Grundlage für die Abgrenzung der todeswürdigen Tödtungsverbrechen zu dienen: Wo eine vorbedachte und vollbrachte Tödtung vorliegt, da trifft mit der schwersten Rechtsverletzung, welche gegen den Einzelnen begangen werden kann, die größte verbrecherische Schuld zusammen. Wenn die Denk- und Willensthätigkeit, welche zur Verübung des Verbrechens führte, in ihrer Freiheit nicht durch Einflüsse des Affekts beschränkt war, so gehört dem Thäter der Entschluß zur That und der Erfolg dem ganzen Umfange nach an. Durch Affekt wird die Klarheit des Bewußtseins verdunkelt und ein mehr oder minder nachtheiliger Einfluß auf die freie Selbstbestimmung ausgeübt; woraus folgt, daß durch den Affekt die Schuld und Strafbarkeit immer auf ein geringeres Maß herabgesetzt wird. Im einzelnen Fall kann es seine Schwierigkeit haben, die Unterscheidung von besonnenem und von — durch Affekt übereiltem Handeln festzustellen; es hat wohl seine Schwierigkeit, die psychischen Entwicklungsvorgänge, deren letztes Glied der Gemüthszustand zur Zeit der That ist, genau zu verfolgen. Doch wird sich der Richter an Bekenntnisse halten können oder nach äußern Thatsachen sich umsehen, welche ihm einen

Schluß auf die Vorgänge im Innern des Thäters, ein Urtheil darüber ermöglichen, ob er etwa nur ein Handeln in einer Leidenschaft, durch welche die verständige Ueberlegung und Reflexion nicht ausgeschlossen war, oder einen affektvollen Dolus vor sich hat, und wenn die Ueberlegung nicht erwiesen ist, wird er ein: Schuldig des Todtschlags! aussprechen.

Die Frage ist: Soll diese Grenzlinie für die Strafandrohung aufgegeben und durch eine an andere Momente geknüpfte ersetzt werden?

§. 33.

Bei der Beantwortung dieser Frage können die Gesetzesänderungsvorschläge, deren früher unter Belgien und England gedacht wurde, nur in untergeordneter Weise benützt werden, weil nach ihnen auch künftig noch die vorsätzliche Tödtung, sobald sie eine prämeditirte ist, mit der Todesstrafe bedroht wäre, und nur bei den nichtvorbedachten Tödtungen der Eintritt der ebengedachten Strafe von dem Vorhandensein gewisser weiterer Voraussetzungen abhängig sein soll.

Was die neueren deutschen Strafgesetzbücher anbelangt, so kommen in mehreren derselben Bestimmungen vor, an die man bei der gegenwärtigen Erörterung anknüpfen kann.

§. 34.

1. Nach dem badischen Strafgesetzbuch, §§. 205—206, wird der Mord nur dann, wenn dem Thäter die (mit Vorbedacht oder in Folge eines mit Vorbedacht gefaßten fortdauernden Entschlusses verübte) Tödtung zum bestimmten Vorsatz zuzurechnen ist, mit dem Tod, andernfalls, d. h. wenn sie ihm zum unbestimmten Vorsatz zuzurechnen ist, mit Zuchthaus — lebenslänglichem oder zeitlichem, nicht unter 12 Jahren — bestraft. Diese Bestimmung dürfte keine Billigung und Nachahmung verdienen. Man kann nicht sagen, daß die Strafbarkeit des unbestimmten Vorsatzes immer und zwar so tief unter der des bestimmten stehe, um eine Vorschrift als gerecht erscheinen zu lassen, durch welche für den mit unbestimmtem Vorsatz begangenen Mord die Todesstrafe ebenso unbedingt ausgeschlossen, als für den mit bestimmtem Vorsatz begangenen absolut bestimmt angedroht wird. Das badische Strafgesetzbuch hat denn auch in ersterer Beziehung sofort nachgeholfen dadurch, daß es in gewissen Fällen, und zwar gerade in solchen, wo (bloß) unbestimmter Vorsatz zu tödten verhältnißmäßig am öftesten vor-

kommt: außer bei der Vergiftung — bei der bei Raub, bei Nothzucht, durch vorsätzliche Beschädigung der Eisenbahn ꝛc. verursachten Tödtung schon dann, wenn der Erfolg auch nur zum unbestimmten Vorsatz zuzurechnen ist, bei der Brandstiftung sogar schon dann, wenn der tödtliche Erfolg von dem Brandstifter als die sehr wahrscheinliche Folge der Brandstiftung vorhergesehen werden konnte, die Todesstrafe eintreten läßt.

§. 35.

2) Mehr hat der Gedanke für sich, die einschränkende Bestimmung des Begriffs des Mords, welche sich in dem K. sächsischen Strafgesetzbuch von 1855 findet (s. oben S. 7) wenigstens für die Normirung der Strafe sich anzueignen. Nach jenem Gesetzbuch ist die vorsätzliche Tödtung nur dann Mord, wenn sie mit Ueberlegung ausgeführt wurde. Die Zeit der Ausführung ist entscheidend. Geschah die Ausführung im Zustand der Ueberlegung, so ist es für die Frage des Thatbestandes gleichgültig, ob etwa der erste Entschluß zur Tödtung im Affekt gefaßt worden sein sollte. Dagegen wird die mit Vorbedacht beschlossene Tödtung zum Todtschlag, wenn die Ausführung nicht mit Ueberlegung geschah, in Beziehung auf welchen Punkt übrigens zu unterstellen sein wird, daß durch einen etwa nach bereits begonnener Ausführung und im Verlauf derselben hinzutretenden Affekt der Charakter des Verbrechens nicht mehr verändert wird, vielmehr letzteres gleichwohl Mord ist. — Zur Rechtfertigung einer Gesetzesbestimmung, durch welche in dem Falle, wo die Ausführung der mit Besonnenheit beschlossenen Tödtung im Affekt unternommen ist, die Verhängung der Todesstrafe ausgeschlossen würde, läßt sich geltend machen, daß es in Fällen der vorausgesetzten Art nicht selten zweifelhaft sein werde, ob das der That vorausgegangene „Bedenken" derselben wirklich zum Entschluß geführt gehabt habe, oder auch, ob nicht der vorbedachte Entschluß hintendrein wieder fallen gelassen worden und die Tödtung in Wahrheit das Produkt eines neuen, durch Affekt übereilten Entschlusses sei. Und wenn gleich hiegegen eingewendet werden kann, daß, wo bezüglich der angedeuteten Punkte ein begründeter Zweifel übrig bleibe, eine Verurtheilung wegen Mords nicht erfolgen werde, so wird doch darüber selten völlige Klarheit herzustellen sein, ob nicht dennoch vielleicht, wenn nicht zu der Ausführung des Entschlusses der bestimmte neue Vorgang, welcher den Affekt

erregte, den Anstoß gegeben hätte, jene Ausführung eher unterblieben sein würde. Jedenfalls erscheint die verbrecherische That, sobald man annehmen muß, daß zu der Entstehung derselben, wie sie nun vorliegt, Affekt mitgewirkt habe, in milderem Lichte gegenüber von dem Falle, wo im ganzen Verlauf der Entwicklung der That, von der Berathung und Fassung des Entschlusses an bis zu dessen Ausführung, Ueberlegung und Selbstbestimmung von dem Einfluß des Affekts frei geblieben ist, und dann wird der Fall, den das sächsische Gesetzbuch von dem Thatbestand des Mords geradezu ausschließt, allerdings im Allgemeinen für minder strafbar angesehen werden können in Vergleichung mit dem entgegengesetzten, wo, nachdem der erste Entschluß zur Tödtung im Affekt gefaßt worden war, ein Zustand ruhiger Ueberlegung eingetreten und die Ausführung mit überlegtem Vorsatz in das Werk gesetzt worden ist.

§. 36.

3. Das gemeine deutsche Strafrecht hatte zwei Fälle qualificirten Mords (bei welchen die Radstrafe, die Strafe des einfachen Mords, geschärft wurde). Dieselben waren

erstens der Mord, bei welchem der Qualifikationsgrund in der Verletzung gewisser, zu besonderer Achtung und Treue verpflichtender Verhältnisse lag: der Mord „an hohen trefflichen Personen, an des Thäters eigenem Herrn, zwischen Eheleuten oder nahen gesippten Freunden";

zweitens der Giftmord.

Die Praxis fügte noch den Raubmord bei.

Von den neueren deutschen Gesetzbüchern sind es fünf, welche qualificirte Arten von Mord kennen: Das bayerische von 1813, das hannöversche, das braunschweigische, das preußische und das österreichische.

Die einschlägigen Bestimmungen der drei zuletzt genannten Gesetzbücher sind schon oben, S. 8 und 9 ausgehoben worden.

Die zahlreichsten Qualifikationsgründe hat das bayrische Gesetzbuch von 1813. Dessen Art. 147 bestimmt nemlich: „Die Todesstrafe ist zu schärfen, wenn die Mordthat verübt worden ist:

I. an einer Person der Königlichen Familie,

II. an Blutsverwandten in auf- oder absteigender Linie, an leiblichen

Geschwistern, an dem Ehegatten, an dem Pflegevater, Vormund oder dem eigenen Herrn, in dessen Kost und Lohn der Verbrecher zur Zeit der Ermordung gestanden;

III. an einer schwangeren Person;

IV. wenn sie aus Eigennutz, in der Absicht begangen wurde, um einen unmittelbaren oder mittelbaren Vortheil am Vermögen dadurch zu erlangen, zu erhalten oder zu sichern;

V. wenn sie mittelst Täuschung des Ermordeten oder sonst unter Anwendung betrügerischer Hinterlist vollführt; oder

VI. wenn der Entleibte durch ausgesuchte Martern qualvoll getödtet, und endlich

VII. wenn durch Gift die Tödtung vollbracht worden ist.

Dem bayrischen Gesetzbuch steht das hannöversche am nächsten. Denn letzteres droht im Art. 229 für die Fälle des ausgezeichneten Mords, die unter Ziffer I—V beinahe völlig übereinstimmend mit dem Inhalt von Ziff. I—III, VI, VII des bayrischen Art. 147 bezeichnet sind, geschärfte Todesstrafe an; und nach Art. 329 sollen mit der nemlichen Strafe belegt werden „die Räuber, welche eine Person getödtet haben."

Die Bestimmungen dieser Gesetzbücher haben für die Lösung der gestellten Aufgabe insofern Interesse, als in denselben wohl alle thatsächlichen Momente zur Berücksichtigung gelangt sein dürften, die in Frage kommen können, wenn es sich darum handelt, Kennzeichen für schwereren Mord aufzufinden. Natürlich darf jedoch bei der Benützung der fraglichen Gesetzesbestimmungen nicht außer Acht gelassen werden, daß es sich hier um eine Folge von viel größerer Bedeutung fragt. Nach den Vorschriften jener Gesetzbücher wird durch das Vorhandensein der qualificirenden Umstände bloß entweder der Uebergang von einfacher zu (äußerlich) geschärfter Todesstrafe (Bayern, Hannover), oder die Verbindung des Verlusts der bürgerlichen Ehre mit der Todesstrafe (Preußen) begründet, oder kommen dieselben bloß bei der Ausmessung der Freiheitsstrafe, mit welcher die „entfernten Mitschuldigen oder Theilnehmer," sowie der Versuch des Mordes zu bestrafen sind, in Berücksichtigung (österreich. Gesetzbuch), oder endlich ist die Wirkung doch bloß die, daß beim qualificirten Mord das dem Richter sonst zustehende Recht, von der ordentlichen Strafe auf eine mildere herabzugehen, ausgeschlossen ist (Braunschweig). Hier aber gilt es, allgemeine Principien aufzufinden, nach denen sich die Unterscheidung der Fälle des Mords, die hinfort allein noch mit der Todesstrafe bedroht sein sollen, von denen, für welche sie nicht mehr zur Anwendung kommen soll, bestimmen ließe. Von selbst versteht es sich demnach, daß in jenen andern Gesetzgebungen thatsächliche Momente von geringerem Belang zu qualificirenden gestempelt werden konnten, als dieß gestattet ist, wenn die Wahl zwischen Todes- und bloßer Freiheitsstrafe in Frage steht.

Dieß vorausgeschickt, kann zur Besprechung der einzelnen Momente übergegangen werden:

a. die dem Motiv und Zweck der That zu entnehmende Auszeichnung.

Der Fall, welcher den Gegenstand der Ziff. IV. des bayrischen Art. 147 bildet, dürfte zunächst die Beachtung in Anspruch nehmen. Derselbe begreift verschiedene Fälle in sich:

den eigentlichen Raubmord: wo der Mord begangen oder unternommen ist, um sich fremden beweglichen Eigenthums zu bemächtigen, um einen Raub auszuführen;

den angrenzenden Fall, wo der Räuber nach vollendetem Raub oder der nach vollbrachtem Diebstahl betretene Dieb mordet, um sich in dem Besitz des geraubten oder gestohlenen Guts zu behaupten;

den von einem um Lohn gedungenen Mörder begangenen Mord;

den Fall, wo der Mord begangen wird, um den Gemordeten oder einen Dritten, dessen näherer Erbe der Ermordete war, zu beerben; —

um eine bei einer Lebensversicherungsanstalt versicherte Summe sich zu verschaffen; —

um sich einer pekuniären Verbindlichkeit zu entlasten u. s. w.

Der eigentliche Raubmord ist in allen Gesetzbüchern, die einen qualificirten Mord kennen, mit Ausnahme des preußischen Gesetzbuchs; — außerdem der Lohnmord im braunschweigischen u. österreichischen Gesetzbuch ausgezeichnet.

Zur Begründung einer den Fall der Ziff. IV. als einen ausgezeichneten behandelnden Gesetzesbestimmung läßt sich im Allgemeinen geltend machen, daß, wer eines pekuniären Gewinnes wegen einen Mord begeht, hiedurch, eben weil seine tödtliche Handlung das Mittel zur Befriedigung jenes Verstandeszwecks ist, eine besonnene Berechnung der Verhältnisse beweise und eine verabscheuungswürdige Selbstsucht und verbrecherische Verhärtung an den Tag lege, wodurch das Maß seiner Schuld und Strafbarkeit regelmäßig auf die höchste Stufe erhoben werde. Der eigentliche Raubmörder aber begeht sogar ein doppeltes Verbrechen, indem der Zweck, den er bei dem Mord verfolgt, zugleich die Handlung zum Versuch eines andern Verbrechens macht, und er wie der Lohnmörder sind der bürgerlichen Gesellschaft überhaupt gefährlich.

Bestreiten läßt sich indessen nicht, daß sogar der eigentliche Raubmord unter Umständen vorkommen kann, durch welche die Strafbarkeit auf eine niedrigere Stufe herabgesetzt wird. Man denke an einen Fall, wo die Begierde nach dem fremden Gut in einem von harter Noth bedrängten Individuum durch den plötzlichen Anblick einer Summe, die ihm aus der Noth helfen konnte, erregt, die That auf der Stelle ausgeführt worden und der Vorsatz zu tödten nur ein eventueller war.

Allein ist es überhaupt gerechtfertigt, von dem Motiv des Eigennutzes den Eintritt der Todesstrafe abhängig zu machen?

Wenn der Verführer die von ihm geschwängerte Weibsperson ermordet, so war vielleicht der Umstand, daß er hiedurch einer pekuniären Verbindlichkeit entledigt wurde, ohne Einfluß auf die Entstehung des Entschlusses; der Mord geschah, weil dem Thäter, nachdem er seine Lust gebüßt, die Weibsperson eine Last, das Verhältniß, das ihn an sie band, zur drückenden Fessel geworden war, oder er geschah, weil der Thäter, so lange er von jenem Verhältniß nicht los war, sich gehindert sah, eine Heirath, wie sie ihm zusagte, zu schließen. In diesen Fällen wäre das Motiv, das zum Mord trieb, nicht als „Eigennutz" zu bezeichnen, selbst im letzten nicht; aber wäre nicht der Mörder durch einen absoluten Egoismus, der an Häßlichkeit der Habsucht nicht nachstünde, zu dem Verbrechen bestimmt worden?

Und wie verhält es sich bei derjenigen Triebfeder, die nächst der Habsucht am häufigsten dem Mord zu Grund liegen mag: bei Haß, bei Rachsucht? Wenn die Veranlassung zur Rache in der Verletzung egoistischer Zwecke bestand, etwa gar darin, daß der Thäter bei Verfolgung unerlaubter Absichten auf Widerstand gestoßen war, wenn der Thäter sodann seinen Haß in sich herumgetragen hat, bis er ihn bei sich ergebender Gelegenheit in voller Besonnenheit durch eine grausame That sättigte, — inwiefern sollte ein solches Verbrechen eine mildere Beurtheilung verdienen?

So bald man zugeben muß, wie man das wohl wird müssen, daß bei dem Fall des Mordes aus Eigennutz zur Vergleichung gegenüber gestellten Beispielen nichts weniger als eine Combination ungewöhnlicher Umständen zu Grund liegt, so bald wird auch eingeräumt werden müssen, daß das Motiv des Eigennutzes kein geeignetes Moment ist, um darauf die Unterscheidung der mit der Todesstrafe zu bedrohenden Morde von denen, auf welche die Todesstrafe keine Anwendung finden soll, zu gründen; nicht zu gedenken, daß das Erforderniß einer auf einen „mittelbaren" Vermögensvortheil gerichteten Absicht der wünschenswerthen Bestimmtheit entbehrt.

Eine Ergänzung könnte eine solche, den Grund der Auszeichnung aus dem Motiv des Verbrechens entnehmende Bestimmung, wenn das Gesetz nicht zu vag werden sollte, nur etwa dadurch erhalten, daß noch überhaupt — neben dem Raubmord — der Fall ausgezeichnet würde, wenn der Mord geschieht bei der Vorbereitung oder Ausführung eines Verbrechens oder Vergehens, in der Absicht, ein der Ausführung desselben entgegenstehendes Hinderniß zu beseitigen oder um sich der Ergreifung über dem Verbrechen zu entziehen oder sich die Straflosigkeit zu sichern. Hiegegen macht sich dann aber gleich wieder das Bedenken geltend, daß gerade unter solchen Umständen Morde vorkommen, die an den Todtschlag streifen, und daß jedenfalls die Unterscheidung vom Todtschlag nicht selten Schwierigkeiten haben wird.

b. Es läßt sich sagen: wenn die Todesstrafe abgeschafft oder auf wenige Fälle beschränkt sei, werden das Aufseher- und Beamten-Personal in Strafanstalten und selbst die Mitgefangenen durch das Strafgesetz nicht mehr genügend geschützt sein gegen mörderische Angriffe, zu denen sich zu lebenslänglicher Zuchthausstrafe bereits Verurtheilte durch Motive der Rache, zum Zweck der Selbstbefreiung u. dergl. bestimmt finden könnten. Es liegt daher der Gedanke nahe, auf Mord, von derartigen Personen begangen, unter allen Umständen die Todesstrafe zu setzen. Ein solcher Vorschlag würde jedoch der Einwendung begegnen, daß derselbe lediglich aus dem Sicherungszweck sich rechtfertigen ließe, wogegen es dem Princip der Gerechtigkeit besser entsprechen würde, auch in dem unterstellten Fall den Eintritt der Todesstrafe von den allgemeinen Voraussetzungen, an die er sonst geknüpft ist, abhängig zu machen.

c. Verhältnissen des Mörders zu der ermordeten Person, die ihn zu besonderer Liebe, Treue, Achtung verpflichteten, ist in den verschiedenen Gesetzgebungen durch Aufstellung verschieden normirter Qualificationsgründe Rechnung getragen.

Hier, wo es sich darum handelt, diejenigen Fälle des Mords herauszufinden, bei denen die höchste Stufe der Strafbarkeit als die Regel anzunehmen ist, dürfen vornweg alle andern Fälle beiseitgelassen werden, mit Ausnahme dessen, wo der Mord an einem leiblichen Verwandten der auf- oder absteigenden Linie oder am Ehegatten begangen ist; ja es dürfte sogar auch der Mord an den Descendenten sofort auszuscheiden sein. Fälle der Ermordung von Kindern kommen verhältnißmäßig nicht selten unter Umständen, die eine gewisse Entschuldigung in sich schließen, und aus Motiven vor, die nicht von höchster Verworfenheit zeugen.

In den zwei andern Fällen werden niederträchtige Motive häufiger bestimmend wirken: der Zweck, sich in den Besitz der Erbschaft zu setzen, einer lästigen Alimentationspflicht sich zu entledigen, die Möglichkeit zu einer anderweitigen Verheirathung sich zu eröffnen. Doch lehrt die Erfahrung, daß der Mord auch wohl erst geschieht, nachdem durch vorausgegangene Zwistigkeiten das innerliche Band zerrissen war und eine hoch gesteigerte Erbitterung sich entwickelt hatte, und daß nicht selten an dieser Gestaltung des Verhältnisses der, der schließlich Objekt des Mordes wurde, durch Herrschsucht, Brutalität, Liederlichkeit den größeren Theil der Schuld hatte. Es würde sich daher rechtfertigen, die Auszeichnung auf den Fall, der wegen der besondern Heiligkeit der Verpflichtung, die verletzt wurde, jedenfalls der schwerste ist, zu beschränken: nemlich auf den Mord an den leiblichen Verwandten der aufsteigenden Linie, bei der unehlichen Verwandtschaft übrigens auf den Mord an der Mutter und an den mütterlichen Ascendenten.

d. Nimmt man die zur Ausführung des Verbrechens gewählten Mittel und die ganze Art der Ausführung zum Maßstab der Strafbarkeit, so muß zunächst der Mord durch Gift ins Auge gefaßt werden.

Bei demselben trifft eine Mehrzahl von Momenten zusammen, um ihn als relativ strafbarer erscheinen zu lassen. Regelmäßig wird die Wahl des Mittels einen höheren Grad der Entschiedenheit des verbrecherischen Willens und eine tiefere Verderbtheit des Verbrechers bekunden. Der Gebrauch des Mittels erfordert in der Regel eine Vorbereitung. Die Heimtücke, womit das Verbrechen fast ausnahmlos verübt wird, offenbart nicht nur eine Niederträchtigkeit des Thäters, sondern eben die Heimlichkeit der Verübung schließt auch den Widerstand aus. Die bei dieser Verübungsweise mehr als bei irgend einer andern Art begründete Hoffnung, daß sogar die Thatsache der Ermordung unentdeckt bleibe, und die Leichtigkeit, die That zu begehen, enthält zugleich einen eigenthümlichen Reiz zur Begehung oder Wiederholung derselben. Nur freilich darf man nie vergessen, daß es auch beim Giftmord Fälle gibt, bei welchen diese Momente nicht oder in geringerem Maße zutreffen. Die frühere Annahme, daß vorsätzliche Vergiftung nicht ohne Prämeditation geschehen könne, ist jetzt aufgegeben, und daß der Grund, aus welchem das Mittel des Gifts gewählt wurde, ganz wohl auch blos in der körperlichen Schwäche des Thäters gelegen sein kann, ist ebenfalls nicht zu bestreiten.

Daß es aber, von dem Fall des Giftmords abgesehen, nicht gerechtfertigt wäre, den „auf tückische, betrügerische Art", — „mittelst Hinterlist" begangenen Mord (den „Meuchelmord") unter die mit dem Tode zu bestrafenden schweren Gattungen einzureihen, ist jedenfalls gewiß. Man würde hiedurch der fraglichen Verübungsweise eine Wichtigkeit beilegen, die ihr nicht zukommt. Man würde am Ende dazu gelangen, jeden an einem Hilflosen begangenen Mord zu qualificiren.

Mehr Anspruch hätten hierauf die Fälle, wo der Mord „mittelst ausgesuchter Martern" oder „durch Brand" begangen wurde. Doch sind dieselben (glücklicher Weise) zu selten, als daß es am Ort wäre, ihrer im Gesetz besonders zu gedenken.

Das Ergebniß der Erörterung ist hienach, daß sich juristisch haltbare und dem Leben entsprechende Merkmale für die Gattungen des Mords, auf welche die Androhung der Todesstrafe zu beschränken wäre, kaum dürften aufstellen lassen. Innerhalb jener Kategorien würden immer noch Verbrechensfälle vorkommen, bei welchen die Verschuldung eine mildere Beurtheilung zulassen würde. Doch wäre das die weniger bedenkliche Seite der Sache, indem die Ausgleichung durch Ausübung des Begnadigungsrechts immer noch übrig bleiben und immerhin in einer geringeren Zahl von Fällen als bisher nöthig sein würde.

Viel mehr Bedenken muß es erregen, daß für den Eintritt der Todesstrafe das entscheidende Gewicht auf Momente gelegt würde, denen — gegenüber von denjenigen, welche den Mord vor allen andern Privatverbrechen auszeichnen und die Todesstrafe als die seiner Schwere entsprechende Strafe erscheinen lassen, doch nur eine untergeordnete Bedeutung zuerkannt werden kann. Die praktische Folge der hierin liegenden Unrichtigkeit in der Normirung der Strafe wäre, daß Morde, die keineswegs minder strafbar wären, über die Linie hinaus fielen, welche zur Abgrenzung der schwereren Gattungen des Mords etwa gezogen werden könnte.

§. 37.

4. Noch weniger dürfte es indeß gelingen, ein befriedigendes Ergebniß zu erzielen, wenn man etwa den umgekehrten Weg einschlagen, nemlich diejenigen Morde, auf welche die Todesstrafe künftig keine Anwendung mehr finden soll, durch bestimmte Merkmale charakterisiren wollte. In diesem Sinn ist das Strafgesetzbuch vorgegangen, indem für den auf Verlangen des Getödteten begangenen Mord eine viel mildere Strafe festgesetzt und indem die vorsätzliche Tödtung eines neugebornen unehelichen Kindes durch die Mutter als ein eigenes milder zu bestrafendes Verbrechen behandelt ist. Hiemit dürfte jedoch die Möglichkeit, allgemeine Kennzeichen für milder zu bestrafende Morde festzusetzen, erschöpft sein. Immer ist es eben die eigenthümliche Combination der Thatsachen des einzelnen Falls, und zwar mögen dabei bald Momente der äußern That, bald Momente der Willensseite den Ausschlag geben — wodurch eine verbrecherische That, obschon sie unter den gesetzlichen Begriff des Mords fällt, in einem so milden Lichte erscheinen kann, daß eine mildere Strafe als die des Todes für genügend gehalten werden mag. Namentlich wird es nicht möglich sein, für diejenigen Fälle, wo, wie man zu sagen pflegt, der Mord an den Todtschlag streift, eine tadelfreie Formulirung aufzufinden, und nur, was die Fälle „verminderter Zurechnung" anbetrifft, eine Verbesserung der in dem Art. 98 des Strafgesetzbuchs enthaltenen Bestimmung in Aussicht genommen werden können.

§. 38.

5. Die letzte Frage ist: ob nicht eine höhere Altersstufe, als das zurückgelegte 18. Lebensjahr, zur Anwendung der Todesstrafe erfordert werden sollte?

Schon das braunschweigische und das österreichische Gesetzbuch rückten den Termin weiter hinaus und fordern ersteres das zurückgelegte 21., letzteres das zurückgelegte 20. Lebensjahr, und nun läßt auch das neue bayerische Gesetzbuch Art. 82, wenn die Person, die sich eines mit Todesstrafe bedrohten Verbrechens schuldig gemacht, zur Zeit der That zwar das 16. Lebensjahr zurückgelegt hatte, aber noch minderjährig war, an die

Stelle der Todesstrafe lebenslängliches Zuchthaus treten. Die anderen deutschen Gesetzbücher lassen die Todesstrafe schon mit dem zurückgelegten 18. oder gar schon mit dem 16. Jahre zu.

Es handelt sich hiebei um eine durchschnittliche Schätzung. Selten wird bei einer Person, die noch nicht 20 oder 21 Jahre alt ist, eine solche Reife des Verstandes, eine solche Festigkeit und Verderbtheit des Wollens angenommen werden, daß der Vollzug der Todesstrafe als zweifellos begründet erachtet werden könnte.

4. Combination des Systems qualificirter Unterarten des Mords mit dem System des Milderungsrechts.

§. 39.

Der letzte Weg, der sich eröffnet, ist der einer Combinirung des Systems qualificirter Unterarten des Mords mit dem System des richterlichen Milderungsrechts: Es wäre dem Gerichtshof das Recht, statt der ordentlichen Strafe des Todes auf lebenslängliches Zuchthaus dann, wenn nach seiner Beurtheilung der Strafbarkeit des einzelnen Falls erstere Strafe zu streng wäre, zu erkennen, einzuräumen, dabei aber festzusetzen, daß dieses Recht nicht Platz greife, wofern der Mord durch gewisse gesetzlich zu firirende Umstände ausgezeichnet wäre.

Einen Vorgang hätte man an dem braunschweigischen Criminalgesetzbuch (s. oben, S. 8).

Der Nutzen, der mit einer derartigen Combinirung erreicht wäre, springt in die Augen.

Bezüglich derjenigen Fälle des Mords, in Betreff deren die Gesetzgebung der Anschauung wäre, daß ein ganz außergewöhnlicher Umstand oder ein ganz außerordentliches Zusammentreffen von Umständen dazu gehören würde, um ein Abgehen von der Todesstrafe als begründet und zulässig erscheinen zu lassen, wäre, indem sie absolut mit der Todesstrafe bedroht würden, eine Garantie dafür geschaffen, daß nicht diese Strafe durch unmotivirte richterliche Nachsicht unangewendet bliebe. Von diesen Fällen abgesehen wäre dem richterlichen Ermessen ein Spielraum eröffnet. Es stünde da, wo zur Verhängung einer milderen Strafe ein zureichender Grund nicht vorhanden wäre, keine gesetzliche Bestimmung im Wege, auf Todesstrafe zu erkennen; andererseits könnte in Fällen, wo die Verschuldung eine geringere wäre, also namentlich in den an den Todtschlag streifenden, schon durch den Richter dieser mildere Charakter der Handlung gewürdigt und durch Heruntergehen von der Todesstrafe demselben Rechnung getragen werden. Zugleich wäre dem Gericht an den absolut mit Todesstrafe bedrohten Fällen immer ein Anhalt für die Abschätzung der Strafbarkeit in den andern Fällen und eine Erinnerung daran, daß die ordentliche Strafe für den Mord die Todesstrafe sei, gegeben. Es brauchte dann auch bei der Abgrenzung der Fälle der ersteren Kategorie nicht so ängstlich zu Werke gegangen, sie könnte auf wenige Gattungen beschränkt werden: etwa auf den Mord aus Gewinnsucht, auf den Mord an den Blutsverwandten aufsteigender Linie und bei unehelicher Verwandtschaft auf den Mord an der unehelichen Mutter und den mütterlichen Ascendenten, und etwa noch den Giftmord.

Zuzugeben ist jedoch, daß die Mißstände, die mit einem jeden der zwei combinirten Systeme verknüpft sind, durch die Verbindung der Systeme mehr nur je auf einen kleineren Kreis beschränkt, als gänzlich abgeschnitten werden. Ja, das gemischte System hat sogar seine eigenthümlichen Gefahren. Wären so gewisse Unterarten des Mordes durch die Gesetzgebung selbst mit dem Stempel der höchsten Strafwürdigkeit gezeichnet, so wäre in Beziehung auf die Fälle, die dahin gehören würden, die Begnadigungsinstanz der Versuchung ausgesetzt, in ihrer Sphäre eine strengere Praxis einzuführen, als die gegenwärtige ist, so lange jene Fälle nicht durch das Gesetz vor den andern ausgezeichnet sind. Auf der andern Seite kann man, wenn man erwägt, wie die Gerichte fast überall, wo ihnen für die Bemessung der Strafe ein Spielraum gelassen ist, eine starke Hinneigung zu der untern Grenze der Rahme an den Tag legen, nicht für unwahrscheinlich halten, daß die Gerichte in Fällen, wo eine Nöthigung dazu in dem Gesetz nicht liegt, höchst selten dazu kommen werden, die Todesstrafe auszusprechen. So macht sich denn wieder die Befürchtung geltend, es möchten in der Strafbarkeit sich gleichstehende Fälle ungleich oder manchmal gar minder strafbare Fälle strenger behandelt werden.

Resultat.

§. 39.

Dem früher Angeführten zu Folge erscheint die völlige Beseitigung der Todesstrafe als Strafe des Mords zur Zeit nicht als gerechtfertigt.

Eine Aenderung des bestehenden Gesetzes in der Richtung, daß die Zahl der Fälle, in welchen gerichtlich auf die Todesstrafe erkannt wird, vermindert würde, sei es dadurch, daß die gesetzliche Drohung der Todesstrafe auf gewisse gesetzlich ausgezeichnete Fälle des Mords beschränkt, sei es dadurch, daß dem richterlichen Ermessen in Beziehung auf die Anwendung der Todesstrafe im einzelnen Fall ein Spielraum eingeräumt würde, hat ihre Schwierigkeiten und Bedenken.

Jedenfalls aber kommen hiebei Fragen zur Sprache, welche im innigsten Zusammenhang mit dem ganzen System der Strafgesetzgebung stehen und von tiefeingreifender Bedeutung sind, die daher zweckmäßiger bei Revision des Strafgesetzbuchs zur Entscheidung gebracht werden.

Ist dieß das Ergebniß der Untersuchung in Beziehung auf die Frage von der Beibehaltung der Todesstrafe für den Mord, so dürfte eine nähere Prüfung der gesetzlichen Strafdrohung in Beziehung auf die zwei Verbrechen, auf denen neben dem Mord die Todesstrafe steht, füglich unterbleiben können, da eine Aenderung der Gesetzgebung, welche ausschließlich entweder jene beiden andern Verbrechen oder etwa gar nur das in der Ziff. II. des Art. 1 des Gesetzes vom 17. Juni 1853 genannte zum Gegenstand nähme, in keiner Weise angezeigt ist.

Stuttgart, im November 1866.